SANANDO LAS HERIDAS DE MI NIÑO INTERIOR

Estrategias efectivas de superación

D1738436

José Díaz

(DEDICATORIA)

A mis padres: Dina Poma y Donato Díaz; a mi esposa María Elena; y a mis hijos Ana, Camila y Juan. Todos ellos han contribuido a forjar el ser humano que soy.

(Agradecimientos)

Quiero expresar un profundo agradecimiento a las personas que compartieron sus historias conmigo y a las que, de alguna manera, colaboraron en la realización de este libro: Hilda Castromonte, Ana Díaz, María Tananta, Yolanda Paz, Melissa Yap, María Díaz, Geraldine Tinoco, Rodolfo Loyola y, a mi *coach*, que me presionó hasta hacer esto realidad, Alejandra Veder.

TABLA DE CONTENIDOS

Introducción

E ste libro no llega a tus manos por casualidad, sino que está hecho para ti. Según la física cuántica todo es causalidad, es decir, todo efecto es producto de una causa y el que estés leyendo estas líneas es parte de ese proceso. Cada individuo, de acuerdo con sus vivencias, está en búsqueda de algo, muchas veces de forma inconsciente y, siempre, de alguna manera, el universo conspira para que ello suceda. Por eso debemos tener cuidado y estar atentos a lo que nuestra poderosa mente está atrayendo. Mira a tu alrededor, tu pareja, tus bienes, tus problemas, etc., están ahí porque tú los atraes; solo tú. No hay otro responsable y ante esto son válidas las siguientes preguntas: ¿es la vida que quieres vivir?, ¿es la pareja que quieres?, ¿tienes el trabajo que siempre quisiste?, ¿tienes los bienes que soñaste?

Albert Einsten decía: «si quieres resultados diferentes, tienes que tomar acciones diferentes». Estamos totalmente de acuerdo con ello, pero ¿cómo realizar acciones diferentes, si muchas veces nos encontramos atrapados por los barrotes de nuestra mente? Será que simplemente somos sus esclavos y obedecemos como zombis cada una de sus directivas. Esas que nos llevan a reaccionar desde nuestras diferentes emociones que nacen de *creencias* o *programaciones* recibidas desde muy pequeños. Incluso desde antes de nuestro nacimiento, debido al traspaso de información de nuestros ancestros, y por eso nos sentimos heridos, desvalorizados, desconfiados y en ocasiones actuamos violentamente sin saber por qué.

Todos venimos al mundo con el *corazón limpio*, sanos mentalmente, sin preocupaciones por la economía, la política, ni el qué dirán. Pero en el transcurso de nuestra historia vivimos diferentes experiencias que nos enseñan a tener miedo, rabia y frustración. La vida nos pone delante personas, generalmente los padres, quienes se encargan, muchas veces, de arruinarnos la vida; por supuesto que sin mala intención, pero lo hacen porque es el rol que les toca realizar. Tal vez, como refiere la biodescodificación, somos nosotros quienes los elegimos con el propósito de aprender algo y trascender; pero, quizás también, ellos aprendieron o fueron programados de ese modo, y esa es la única forma de amar que conocen. Por ello no debemos juzgarlos ni echarles la culpa de nuestras desgracias.

En este libro comparto experiencias inspiradas en historias reales, algunas de ellas modificadas en tiempo, espacio y personajes. En ellas trato de describir las emociones que surgen de situaciones traumáticas desde la posición de quien las sufre y quien las genera, es decir, desde la víctima y del victimario. El objetivo es que tomemos conciencia y comprendamos por qué se repiten ciertos hechos de violencia en nuestras familias, y que ante ellos busquemos la sanación interior, para que no los repitamos con quienes más queremos.

Las estrategias que comparto me han servido para sanar mis heridas de la infancia y me permiten proyectarme como un ser renovado, con paz y esperanza en el mañana, sin rencores ni odios, pero con la conciencia de que todavía me falta mucho por trabajar para ser quien quiero ser. Mientras tanto disfruto el camino.

1.
LOS ORÍGENES DE LA VIOLENCIA

No lastimes a los demás con lo que te causa dolor a ti mismo.

Buda

Conociendo al victimario

Ahí estaba yo, en el patio trasero de mi casa, cerca del corral de las aves, sentado sobre la tierra sin poder desplazarme, el sol quemaba mi piel, estaba cansado y sin fuerzas de tanto intentar soltar la cadena que me tenía prisionero, sintiéndome como un animal salvaje retenido a la fuerza, humillado, impotente y desvalorizado, harto de llorar porque no podría salir a jugar y con el deseo cada vez más intenso de irme muy lejos, sin comprender por qué el ser que más amaba me ponía en esta situación, la odié.

Me llamo José Manuel. ¿Ustedes se preguntarán por qué ese nombre? Me lo pusieron porque nací un 24 de diciembre, entre luces y villancicos entonados por médicos y enfermeras del Hospital Goyeneche de la ciudad de Arequipa. Al parecer desde que nací me gustó ser el centro de atención. En medio de una fiesta, los niños que nacimos ese día, éramos recibidos con mucha algarabía y augurios de una vida feliz, lo cual no ocurrió con exactitud, pero en ese momento, para los que estaban allí, incluida mi madre, Dina, el deseo era ese.

Los dolores de parto llegaron en la madrugada del 24. En ese entonces era muy difícil conseguir un taxi y no teníamos a nadie que nos pudiera ayudar. El dolor, cada vez más intenso, hacía que mi madre no se pudiera mantener en pie, así que a mi padre, Donato, no se le ocurrió mejor idea que conseguir una carretilla de construcción —esa que los albañiles usan para transportar sus materiales—, pero que esta vez serviría para transportar a mamá. Ella montada y él jadeante avanzaron presurosos, entre las calles, el dolor, los nervios y la vergüenza. Por fortuna, a un kilómetro se cruzaron con un patrullero que luego de súplicas la llevó, finalmente, al hospital mientras papá regresaba a casa para cuidar a mis hermanas.

Me contaron que mi nacimiento no generaba muchas expectativas en papá Donato. Él ya había perdido las esperanzas de tener un hijo varón, luego de esperarlo durante los tres embarazos anteriores, sentía que tres mujercitas en casa eran suficientes. Ya era objeto de las burlas de sus compañeros de trabajo, que solían decirle que en Arequipa, por los fuertes temblores, las criaturas solían llegar con alguna «rajadura».

Donato estaba muy seguro de que sería otra niña, así que la primera ropita que me compraron fue rosada y se sentía tan fastidiado ante aquella posibilidad que entre bromas decía que me llamaría Layca. Muy grande fue la emoción y el orgullo que sintió al enterarse de que su cuarto hijo era un varón. Así que se dio el trabajo de buscar a todos sus amigos y contarles, con el pecho inflado, el especial suceso, y entre lágrimas y cervezas terminó el día lleno de felicidad.

No recuerdo mi bautizo, pero me contaron que fue un acontecimiento en el barrio, que hubo bastante comida y muchas cajas de cerveza Arequipeña. Yo tenía apenas cuatro años y aún guardo como recuerdo una fotografía de aquel día: mis padres abrazándome con ternura y mis padrinos al lado. La imagen perfecta de la familia que cualquier niño desearía. Es triste que nuestra memoria no guarde esos momentos, hubiera servido de mucho para enfrentar lo que vendría después. Lo que sí recuerdo, claramente, es que jugaba con ellos en la playa, papá Donato me cargaba en sus hombros y nos metíamos al mar, mientras mamá Dina se reía al vernos y alistaba un delicioso arroz con pollo para el almuerzo.

La mente es como un paracaídas, solo funciona si se abre.
Albert Einstein

No sé qué les pasó. Poco tiempo después, las cosas cambiaron para todos, especialmente para mí, todo lo que hacía los molestaba y ya no reían como antes.

Otro de mis recuerdos lejanos es de cuando iba al preescolar y, con apenas cuatro añitos, caminaba solito varias cuadras para llegar a mi pequeño colegio. Por más que me esfuerzo, no llega a mi memoria ninguna imagen de papá acompañándome a la escuela;

por el contrario, la sensación que emana de mí frente a ese recuerdo es de tristeza, soledad y miedo.

En casa teníamos una bodega y, por lo tanto, muchas golosinas al alcance de mis manos. ¿Cómo le pides a un chico de seis años que no se antoje unas galletas de chocolate? Pero yo no podía. Estaba prohibido de cogerlas. Me pasaba toda la mañana con la disyuntiva de hacerle caso a mi instinto u obedecer a mi mamá, pues sería terrible para mí que se dieran cuenta. Como es de esperarse, más de una vez caí en la tentación; pero, para evitar sospechas, cogía solo una galleta por paquete. Abría la envoltura con sumo cuidado y luego la cerraba con mucho esmero con cinta *scotch* para que pareciera un error de fábrica y rogaba al cielo que nadie se diera cuenta. Lamentablemente, la mayoría de veces me descubrían y recibía los latigazos de mi madre o los correazos de mi padre. En aquella época siempre había motivo para castigarme y muchas veces llegué a pensar que me lo merecía.

Era 1981 y tenía apenas siete años. Era un niño alegre e inquieto, me gustaba corretear en la calle todo el día si fuera posible, jugar en la cancha de tierra del barrio, que aunque no tenía arcos ni líneas nos dejaba divertirnos persiguiendo la pelota. Carecía de habilidad para el fútbol, pero me las arreglaba para jugar siempre. A veces, torpemente, pifiaba la bola y se la daba al contrario, por ese motivo era conocido como Patalarga. Mis amigos llegaron a creer que mi pierna derecha era más larga que la izquierda, lo que me llevó permanentemente a ser de los últimos en ser escogido a la hora de seleccionar los equipos. Ese siempre fue un momento angustiante para mí que nunca logró quitarme la emoción de jugar.

Vivíamos en Nuevo Perú, un pueblo joven muy pobre de Arequipa, sin pistas ni áreas verdes ni agua ni alcantarillado. Teníamos que hacer cola todos los días para juntar agua en la única pileta que había en la zona, lugar donde había que hacerse respetar para defender un lugar en la fila. Más de una vez vi a mi madre liarse a golpes con alguna vecina que se quería pasar de viva. En ese momento no lo sabía, pero el agua significaba la vida; sin embargo, esa no era mi preocupación, lo mío era hacer puentes y túneles con el barro que se formaba del chorreo de agua. Era feliz jugando a las carreras de autos con unas piedritas o, en el mejor de los casos, con unas cajitas de fósforos, atravesando túneles y puentes diseñados por mí y que solían desmoronarse en cualquier momento.

De niño comprendí que conseguir lo que más quería costaba mucho, a veces, dolor y lágrimas. Otra cosa que disfrutaba, además de las galletas de chocolate, era salir a jugar a la calle. Podía pasarme todo el día fuera, pero a mi madre eso no le agradaba mucho e intentaba por todos los medios impedir que saliera. Yo conseguía escaparme de cualquier forma. Más de una vez trepé las paredes y saltaba al techo del vecino para luego temerariamente brincar a la vereda. Recibí muchas palizas por ello, pero nunca me importó con tal de jugar a la pelota y vivir algunas aventuras. Hasta que un día, mi madre, harta de no poder controlarme, pidió *sugerencias contundentes* a mis hermanas mayores y a una de ellas se le ocurrió una genial idea, sacó una cadena y se la entregó:

—¡Hay que amarrarlo, mamá! —le dijo.

Mamá no lo pensó dos veces, la sujetó a una estaca del patio trasero y entre las dos me envolvieron y aseguraron los eslabones a mi tobillo. Me encontraba tan vulnerable ante la mirada de mis hermanas, sentí humillación y vergüenza. Ellas estaban sorprendidas, por momentos se reían y luego me miraban con lástima, impotentes de no poder ayudarme. Yo me esforzaba por liberarme, pero no podía. Jalaba con todas mis fuerzas el metal y golpeaba con una piedra la estaca, pero nada. No sé cuánto tiempo estuve en esa situación, preso, sin libertad. Creo que fueron varios años, porque en mi mente han quedado marcadas esas emociones que me indujeron a conductas limitantes, sentimientos de culpa, falta de confianza y miedo a equivocarme.

A los quince años, mejoró la relación con mis padres. Me di cuenta de que traer buenas calificaciones del colegio los tranquilizaba y que ellos estaban más abiertos a mostrar cómo eran interiormente y, de vez en cuando, a contar sus historias, esas que pocos cuentan por vergüenza o por no dar una mala imagen de sus padres.

Mis abuelos paternos vieron en su hijo mayor, Donato, al salvador y protector de la familia y desde muy pequeño le inculcaron responsabilidades que no le correspondían. Por ejemplo, que debía trabajar por su familia y sus hermanos antes que pensar en él. Por eso, desde los trece años trabajó más de diez horas diarias con el único objetivo de ayudar a sus hermanos y a sus padres. Realizó tareas muy exigentes para un adolescente, como apañar algodón o hacer esteras de caña. Cualquier trabajo —no importaba si había abuso laboral o semiesclavitud— era adecuado con tal de conseguir algún dinero para llevar a su casa. Estaba *programado* para proveer, para pensar en su familia de origen, antes que en él mismo. Esto trajo, más adelante, muchas consecuencias negativas durante la convivencia con su esposa y con sus hijos.

Cuántas veces lo escuché quejarse, acompañado de un llanto desolador y de arrepentimiento: «¡Que triste ha sido mi vida!». A mi madre, de otro lado, le tocó vivir una experiencia de sobreexigencia. Nació mujer cuando sus padres esperaban un varón, así que volcaron todos sus anhelos en ella, tenían planes para que fuera profesional y enorgulleciera a la familia, siempre cargó con esa tremenda responsabilidad, pero ella no lo logró. Esto explica por qué sentía tanta frustración al verse con varios hijos, con muchas necesidades económicas y sin la posibilidad de estudiar.

La recuerdo como una mujer fuerte y rígida, muy trabajadora y preocupada por darnos lo mejor. Con seis hijos, poco dinero y un marido que solía regresar a casa tambaleándose por la borrachera que se pegaba con los amigos, no la pasaba bien. Se casó casi sin querer. Ella tenía un gran futuro, pero se truncó con su primer embarazo. Sus padres no soportaron la vergüenza y le hicieron sentir su decepción expulsándola de casa. Ella, a quien nunca le había faltado nada hasta ese momento, tuvo que dejar de sentarse en un buen mueble y usar una caja de madera, esa donde se transportan las frutas, como silla.

Sus padres, mis abuelos, eran muy buenos, pero a la vez muy estrictos y duros. Las travesuras eran *corregidas* con severidad y usando una variedad de castigos que iban desde latigazos con correas o con las riendas de los caballos hasta arrodillarse sobre piedras pequeñas o chapitas.

Alguna vez, mi abuelita Matilde, muy molesta por una baja calificación en la escuela, cogió un cuchillo y lo puso sobre el cuello de mi madre amenazándola con matarla si volvía a suceder. Tenía apenas nueve años y me cuesta imaginar qué siente una niña en esa situación. ¿Cuánto pueden influir en el resto de nuestras vidas situaciones como esta?

En otra ocasión, mi abuelo descubrió que alguien había robado unos requesones que estaba guardando para venderlos. En la casa solo estaban ella y su hermana mayor, las castigaron a las dos con sendos latigazos, pero Julia, por ser la mayor, llevó la peor parte. A pesar de ser inocente, la amarraron y colgaron semidesnuda a un tronco por más de una hora, mientras mi madre temblaba de miedo observando la cruel escena, sintiéndose aterrorizada y culpable.

Ahora miro atrás y comprendo mejor el porqué de mi historia, la cual coincide con los preceptos de la numerología.

Pero, ¿qué es la numerología? "Es una herramienta antiquísima que se basa en el estudio de la vibración energética de los números aplicada al ser humano y a su entorno, proporciona un marco de referencia que nos ayuda a redescubrir las claves que rigen y describen nuestro propio desarrollo" (Laura L. Rodríguez).

De acuerdo a lo anterior, mi número personal es el 6 (la suma de mi fecha de nacimiento: 24 = 2+4 = 6). Número cuya vibración manifiesta energía por el amor hacia los demás e idealismo, pero también la necesidad de ser reconocido, valorado y amado, justamente los afectos que no disfruté en la segunda etapa de mi niñez. Por el contrario, sentí rechazo y hasta desprecio. No recuerdo escuchar decir a mis padres que estaban orgullosos de mí. Tampoco un te quiero o un te amo. Hoy comprendo que tal vez era necesario vivir esa experiencia que, aunque dura, me permitió ser el hombre que soy ahora.

Las personas siempre culpan a las circunstancias de lo que son.
Yo no creo en las circunstancias. La gente que avanza en este mundo es
la que persigue y busca las circunstancias que desea y, si no las
encuentra, las crea.
George Bernard Shaw

Muchas veces sucedía como que empezaba a volar alto, pero, de repente, algo me impedía avanzar. Vivía atado, atrapado, sin saber qué me pasaba. No entendía por qué mi tremendo miedo a equivocarme, a fallar y a arriesgarme. Fue recién, hace poco, que tomé conciencia de esta experiencia luego de realizar una regresión en Programación Neurolingüística PNL. Volví a sentir lo que sentí. Reviví el momento que experimentó el niño Manuelito, sentí mucho dolor y lloré como aquel pequeño. Sin embargo, esta vez estaba preparado para enfrentar a mi madre, sin rencor, pero con la seguridad de decirle que no tenía derecho a tratarme así, que jamás merecí esa humillación y que como madre debía más bien protegerme y no exponerme. Que aquello no fue una broma pesada y que sus acciones han tenido consecuencias muy negativas. También aproveché el momento para decirle que comprendo de dónde viene su irracionalidad y que siempre tendrá un lugar en mi corazón. Luego solo sentí paz.

Por lo general las experiencias duras las recordamos como anécdotas. Queremos creer que nuestros padres lo hicieron con la mejor intención o que solo se les pasó un poco la mano. Suponemos que esos hechos del pasado están superados, pero no es cierto, muchas veces solo los mantenemos cubiertos, escondidos, porque el sufrimiento, el dolor y los traumas que vivimos de niños no se borran, quedan grabados en nuestro inconsciente como una huella fósil, como una impronta sólida, que puede durar hasta la muerte.

He visto llorar, con mucho dolor, a personas de avanzada edad cuando recuerdan momentos de violencia vividos en sus hogares a pesar de haber transcurrido más de sesenta años desde cuando ocurrieron.

«Realmente no eran ellos, estaban programados para actuar así, era la experiencia pasada que se repetía y no se daban cuenta».

El miedo de adultos es el mismo que el que tuvimos de niños. Nosotros nacimos felices, pero con el pasar de los años se nos instalan programas que nos van causando infelicidad y empezamos a trabajar en piloto automático. Como decía mi *trainner* en PNL, Jimmy Azama: «todo eso es copia, piratería».

Pero ¿cómo superar estos acontecimientos? ¿Es posible dejar atrás estos traumas? Considero que sí. Que sí es posible vivir en paz con uno mismo y con quien hizo el rol de victimario. A mí me funcionó y me permite llevar una vida con paz y sin rencores y, además, con autocontrol.

Reflexionando sobre las historias de mis padres comprendo mejor por qué actuaron de forma violenta conmigo. Realmente no eran ellos, estaban programados para actuar así, era la experiencia pasada que se repetía y no se daban cuenta.

También hay que tener en cuenta los factores externos: terceras personas en el medio, la falta de dinero, las continuas peleas, la frustración, los fracasos y los malos amigos y familiares quienes, lejos de ayudar, influenciaban negativamente en su relación haciendo que los hijos sufriéramos las consecuencias.

No intento excusar a nadie. Cada persona responde por sus actos y de alguna manera, tarde o temprano, enfrentan las consecuencias de estos; pero para mí, tomar conciencia de que no fueron realmente ellos los que me lastimaron sino que estaban impulsados por una serie de *programas* y que no estaban preparados para controlarlos, me sirvió para comprender y aceptar su amor por encima de sus equivocaciones, y solo sé, y así lo siento, que tengo un lugar en sus corazones, como ellos en el mío.

2.
PERDONA Y APRENDE

El hombre es hijo de su pasado mas no su esclavo,
y es padre de su porvenir.

Viktor Frankl

Descubriendo las heridas del pasado, para que no se repita

S oy un hombre afortunado, tengo tres hijos hermosos: Ana, la mayor; Juan, el menor; y Camila, la del medio. Cada uno con características muy diferentes y a la vez complementarias. Mientras que una tiende a ser callada y no muy expresiva, el otro es hablador y sumamente cariñoso. Mientras que a la mayor le encanta la lectura y el dibujo, a los pequeños le cuesta coger un libro. Cada quien tiene sus fortalezas y debilidades.

Educar y formar a nuestra primera hija fue, relativamente, sencillo. Ella colaboró bastante. Además, por su nobleza y ganas de ser una hija ejemplar, nunca tuvimos contratiempos. En su momento fue la hija única, disfrutaba de toda la atención de sus padres. A donde íbamos, la llevábamos. De vez en cuando nos hacía un berrinche, pero nada del otro mundo.

En una oportunidad, una de esas rabietas tuvo consecuencias. Estábamos en el parque y le estaba indicando que ya teníamos que regresar a casa, ella apenas tenía cuatro años y se negó, reiteradamente, a que la tome de la mano para conducirla cuando, de improviso, se dejó caer bruscamente. Yo me limité a sostenerla con firmeza del brazo para que no se golpeara la cabeza, pero, de repente, dio un grito:

—¡Mi brazo, mi brazo! —exclamaba.

La revisé externamente y no había signos de un golpe, pero tenía un fuerte dolor en el codo al extender su bracito. Se había dislocado. La llevamos al médico, y este ordenó una placa radiográfica. Inmediatamente la condujimos al consultorio de rayos X y muy preocupados la imaginábamos con su yeso o incluso que la tuvieran que operar.

Para tomarle la placa padecimos un buen rato. Había que extenderle el brazo y ella no soportaba el dolor. El doctor empezó a perder la paciencia, así que, de forma un poco brusca extendió la extremidad y tomó la placa. No soporté más y salí fuera de la sala. Me sentía responsable y hasta culpable de lo que ocurría mientras miraba a mi Anita desde el pasadizo. Cuando, de pronto, ella me devuelve la mirada, sonríe y me levanta la mano, saludándome. Luego de unos segundos pude darme cuenta de que me saludaba con el brazo que estaba lastimado, el que apenas podía mover. Me acerque a verla y ya no le dolía, había regresado a su lugar gracias a la brusca impericia del clínico por obtener una imagen.

Con Camila sucedió todo lo contrario: desde sus primeros meses, lloraba por cualquier motivo o circunstancia, pero no con un llanto natural de un bebé, sino que por momentos emitía gritos incontrolables que nos angustiaban. Mi mujer y yo pasábamos horas meciéndola y cargándola para que pudiese descansar.

Ahora sabemos que el estrés y la falta de descanso previo y durante el embarazo influyen negativamente en el desarrollo emocional de una criatura. Recuerdo que en ese entonces teníamos mucha carga en el trabajo y mi esposa, que realizaba su internado nocturno de obstetricia, asistió hasta el último mes de embarazo.

Camila es una niña adorable y tierna, pero por momentos, sobre todo cuando se frustra, pierde el control y se transforma. En ciertas ocasiones, cuando las cosas no salen como ella espera, busca de alguna manera boicotear el momento, fastidiando a sus hermanos, tirando los juguetes o haciendo rabietas.

Desde pequeña tuvo varias dificultades. Al nacer, demoró más de lo normal en respirar y a los seis meses le diagnosticaron displasia de cadera, razón por la cual pasó cerca de un año inmovilizada con un arnés. Esto la llevó a una demora en su desarrollo psicomotriz, que hizo que tuviéramos especial cuidado con su progreso físico y mental, al punto de sobreprotegerla.

«Hija, no puedes salir a la calle, hay muchos niños y te pueden lastimar», le decía su mamá, intentando protegerla de cualquier posible riesgo en la calle.

Lamentablemente, lo que solemos hacer los padres, procurando cuidar a nuestros hijos, es transmitirles nuestros miedos y frustraciones. Como cuando un padre que le tiene terror a las

25

abejas, al ver una cerca de su hijo da un grito desesperado que, más que asustar al animal, asusta a su vástago, quien, hasta ese momento, solo se disponía a observar al animalito sin ningún temor. Ahora, a partir de esa experiencia, aprenderá que es un insecto muy peligroso y que hay que correr o gritar al verlo aproximarse; es decir, ya quedó grabada en su psique, para siempre, que a las abejas hay que tenerles miedo.

La sobreprotección en Camila trajo consecuencias en su comportamiento. Le costó mucho hacer amigos y jugar con otros niños. Se volvió asustadiza y desconfiada, sobre todo para cualquier evento nuevo, como cambiar de colegio, tomar clases de natación o acercarse a los animales.

Y todo empeoró a los siete años. Cometimos el error de matricularla en un colegio muy exigente en la parte académica. La profesora no nos decía nada, pero nosotros notábamos que Camila se volvía cada vez más retraída y sin ganas de ir a estudiar.

En una ocasión, cuando fuimos a hablar con la psicóloga del colegio, observamos, desde la ventana de su oficina que daba al patio, cómo transcurría el recreo de los alumnos. Algunos jugaban a las chapadas, otros al trencito y los demás solo corrían. Todos se divertían, menos nuestra hija. La ubicamos parada en una esquina con ganas de jugar pero con mucho temor de acercarse a los demás compañeros. Quieta y con la mirada perdida, presionaba sus dedos uno por uno. Esa imagen nos partió el corazón y comprendimos que no podía seguir un minuto más en ese centro de estudios.

Tiempo después nos enteramos de varias situaciones protagonizadas por Camilita. En una oportunidad, la maestra le llamó la atención porque no avanzaba con su trabajo.

—Llevas media hora mirando tu hoja y no avanzas nada —le dijo.

Camila solo agachaba la cabeza y apretaba los dientes, sin responder. No entendía la tarea.

—Te estoy hablando, Camila, ¿eres sorda o muda? —la increpó la profesora y los compañeros soltaron unas carcajadas.

Camila, humillada y avergonzada delante de sus compañeros, se llenó de rabia. De un salto se dirigió al escritorio de la maestra y tiró al suelo todos sus materiales y los pisó, luego se echó a llorar.

En el Perú, la educación no es inclusiva ni tampoco permite desarrollar la diversidad de talentos de los niños. Básicamente se centra en materias como matemática y ciencias y deja relegadas otras áreas como el arte, el desarrollo físico y la creatividad. Además, enseña y califica a todos por igual, sin tener en cuenta que cada quien tiene una forma particular de aprender.

Todas estas circunstancias la volvieron más rebelde, poco tolerante, impaciente y agresiva. En otras palabras, Camila perdía el control de sí misma y, desafortunadamente, cuando eso ocurría, yo también perdía el control.

En una ocasión, sentados los cinco alrededor de la mesa durante la cena se armó un alboroto. Como era costumbre, los dos más pequeños se estaban peleando y, en una de esas, Camila dejó caer parte de su comida al suelo. Le advertí varias veces que dejara de fastidiar a su hermano, pero ella insistía y se reía de un modo tan desafiante que llegué a sentir que estaba retándome. Yo había tenido un mal día y estaba tratando de escuchar las noticias, así que le advertí una vez más que se comportara y, lejos de obedecer, siguió jugando y tiró, sin querer, el resto de comida de su plato al suelo. No aguante más. Me sentí ofendido y no lo podía permitir. La sujeté del brazo con la intención de llevarla a su cuarto, pero se defendió como pudo: agarrándose de la mesa o de la pared con todas sus fuerzas. Cambié de plan, yo era más grande y fuerte, y la llevé arrastrando hacia la ducha. Lleno de ira, no me importó su llanto ni sus disculpas, la empujé y deje salir el agua fría. Al instante, la vi empapada y acurrucada, llorando de impotencia. De repente, me vi en ella. Estaba repitiendo el *programa de mis padres*.

¿Cómo pasé de ser calmado, tolerante y de alentar la no violencia, en cuanta oportunidad tuviera, a comportarme de una manera tan agresiva con mis propios hijos? Luego de algunos años comprendí lo que me sucedía, la respuesta estaba en mi pasado.

En primaria no era bueno en matemáticas. Muchas veces saqué malas notas en los exámenes, que escondía para que nadie se diera cuenta. Cuando ello ocurría plagiaba la firma de mi papá, que era muy sencilla y así solía pasar desapercibido. En realidad, parecía que a nadie le importaba, pues todos estaban muy ocupados. Solamente mi hermana Hilda me ayudaba con las tareas de vez en cuando, gracias a ella no repetía el grado.

Pero un día, como era de esperarse, me descubrieron. Mi madre se dio cuenta, luego de pasar por mi colegio, de que la había estado engañando bastante tiempo. Ni bien llego a la casa, llena de ira y decepción, cogió el palo de escoba y fue tras de mí. Luego de recibir los dos primeros golpes pude librarme y salí corriendo hacia la calle. Mientras huía, alcancé a escuchar algunas frases: «¡Vas a ver cuando llegue tu papá!», «¡Ahora duermes en la calle!», «¡Pobre de ti si regresas!».

No era la primera vez que, entre gritos, me hacía saber lo mal que me comportaba y lo decepcionada que se sentía, echándome en cara todo lo que hacía por mí. Creo que cuando se molestaba mucho y me miraba, veía a su esposo, porque algunas veces se ensañaba furiosamente conmigo, me pegaba como si fuera él. Sospecho que tenía mucha rabia y frustración por los problemas de convivencia y las dificultades económicas.

Ese día mi papá llegó muy cansado y más molesto de lo normal. Yo me moría de miedo, había regresado a mi casa cerca de las siete de la noche. Tuve que trepar un muro de más de dos metros de la parte posterior del patio para ingresar, me ayudé con unos ladrillos que encontré tirados y confiado en mi habilidad. Pensé que no se darían cuenta. No hice ningún ruido. Caminé de puntillas, me dirigí a mi habitación y me encerré con la ilusa esperanza de que eso fuese todo por ese día.

No pasaron muchos segundos y escuché sus gritos, con ese tono de voz que me hacía temblar y sudar frío. Me agazapé detrás de la puerta de madera que protegía medianamente mi dormitorio, y me empecé a preguntar por qué solo a mí me tenían que suceder esas cosas. Poco a poco, mi temor se convirtió en ira e impotencia, quería permanecer fuerte, pero mis lágrimas brotaban sin control mientras apretaba los puños deseando crecer rápido y ser más grande para poder defenderme.

—¡Manuel, ven acá, carajo! —vociferó amenazante. Salí de mi cuarto como pude y fui a esconderme al corral de las gallinas, que estaba en el área más oscura del patio trasero. Parecía el escondite perfecto para un niño de ocho años. Donato, viendo que no acudía a su llamado, decidió ir a buscarme.

—¡Dónde mierda te has metido! —gritaba cada vez más enfurecido—. ¡Vas a ver cuando te encuentre!

Yo rogaba al cielo que se hiciera pronto de noche, que se canse de buscarme y me dejara en paz. No me importaba dormir ahí e intentaba camuflarme de la mejor manera, asustado entre las plumas de las gallinas, inmóvil para no agitarlas y soportando el olor que emanaba del lugar, aguantaba la respiración para no ser descubierto. Sin embargo, los gritos intimidantes se oían cada vez más cerca. No podía soportar más la angustia y el temor y quería desaparecer.

Me descubrió. Me arrastró por el patio jalándome de los cabellos y me propinaba cachetadas cada vez que gritaba. Traté de defenderme con todas mis fuerzas, pero fue inútil. No podía contra él. Cada vez que lo intentaba me respondía con más severidad. Me jaló hasta un ambiente que usábamos como lavandería, en medio estaba una tina llena de agua que habían usado para bañar a mi hermano menor. La vio y me jaló hasta ahí, me sentó al lado e introdujo mi cabeza en aquella agua fría.

Me repetía que estaba harto de mí, que me iba a matar si seguía con esa conducta. En ese momento, pensé que lo haría. No recuerdo cuánto tiempo estuve sin respirar, tal vez solo unos segundos, pero no fue suficiente para dejarme inconsciente. Algo de mí murió ese día y el niño deseado que enorgullecía a su papá, se esfumó. Mi héroe, mi líder y guía también desapareció. No comprendía cómo el hombre que se había emborrachado celebrando mi nacimiento, podía ser capaz de intentar matarme. Cómo ahora valía poco o nada para él. Lo aborrecí en ese momento y me juré que si algún día yo tuviera hijos no actuaría como él.

Intentar descubrir las heridas que quedaron sin curar es como volver a ponerle atención a esa capa marrón que cubre una laceración que no desaparece. Es atreverse a retirarla y dar un vistazo para ver cómo está por dentro. Probablemente drene pus acumulada por los años echada al olvido, pero es justo ahí que tenemos la oportunidad de hacer algo más efectivo al respecto, es decir, realizar una curación profunda, limpiarla hasta que duela, de tal forma que solo quede un tejido limpio, que permita, con el tiempo, paciencia y constancia, lograr una verdadera cicatrización y por ende la sanación permanente.

*

De acuerdo con los estudios del Instituto Nacional de Estadística e Informática (INEI), en el 2015 más del 80 % de adolescentes había recibido maltratos verbales o físicos alguna vez en su vida.

La misma fuente concluye que existen creencias, actitudes e imaginarios que apoyan la violencia hacia las niñas, niños y adolescentes. Entre las principales creencias que apoyan la violencia contra las niñas, niños y adolescentes se consideró que en la actualidad la mayoría de ellos no respetan ni valoran a sus padres (77,8 %); también, que no deben participar ni estar presentes en conversaciones de adultos (61,3 %).

Entre las actitudes más arraigadas está que a veces es necesario gritar a las niñas, niños o adolescentes para que entiendan lo que se les dice, seguido de que los padres deben castigar físicamente a la niña, niño o adolescente si se mete en problemas, miente con frecuencia o coge algo que no le pertenece.

Con relación a los principales imaginarios figura que, pese a que existan peleas entre los padres, el hogar debe mantenerse siempre unido por el bien de los hijos y que las niñas, niños o adolescentes no saben lo que les conviene, por ello algunas veces es necesario alguna forma de castigo por su bien.

Por su parte, los Centros de Emergencia Mujer atendieron en el 2017 más de 30 000 casos de violencia de todo tipo contra niños, lo que involucra agresión física, psicológica y sexual (Telesur noticias).

Si bien es lamentable que para muchos padres sea razonable usar el castigo físico para reprender o educar a sus hijos, a mí me preocupa más que los niños crean que sus padres tienen derecho a reprenderlos violentamente.

Repetimos los patrones generación tras generación, acostumbrados a que la violencia sea parte de nuestras vidas, justificamos a nuestros padres, suponiendo que lo hacían por amor o porque creían que era la mejor manera de criarnos. Nos da temor poner en tela de juicio su desempeño.

Conozco muchas personas que han vivido episodios de agresión durante su infancia. Episodios que los han marcado profundamente y, sin embargo, no desean escudriñar en sus recuerdos, ya sea porque no aceptan haber sufrido esas experiencias violentas o simplemente porque resuena un agudo miedo a revivir esas emociones dolorosas.

No se trata de juzgar y descalificar a una persona por lo que hizo o dejó de hacer muchos años atrás, pero sí de cuestionar aquellas actitudes que complicaron nuestra existencia, nuestro modo de ser, y que, de alguna manera, hacen que actuemos agresivamente sin darnos cuenta. «Yo soy así», solemos decir para explicarlo, pero no es cierto, solo seguimos repitiendo ciertos patrones que no reconocemos y que tarde o temprano repetiremos, como pasó conmigo.

*

Salir de paseo con los niños es un placer, sobre todo cuando viajamos o, simplemente, nos vamos a la playa. Sin embargo, a veces se convierte en un evento muy estresante, sobre todo para mí, pues cargo con la responsabilidad de tres niños y su madre. Y cuando las cosas no salen como las planifico o los chicos se demoran mucho en comer, dentro de mí pasa algo que suele alterarme.

Uno de nuestros lugares favoritos es el balneario de Santa Rosa, donde tenemos una casita pequeña pero muy acogedora, diseñada, específicamente, para instantes de tranquilidad y relax, con un hermoso jardín y una higuera en el centro. Un día, mientras disfrutábamos de la piscina, Juan y Cami —de seis y diez años respectivamente— no paraban de gritar y entraban y salían de la piscina sin precaución ensuciándola cada vez que pisaban el pasto.

Aquella vez, cansado de tantas advertencias y de no obtener respuesta, levanté la voz y grité:

—¡Carajo, salgan de la piscina!

Les pedí que pasaran a la casa y los amenacé con que si no obedecían ya no volverían a entrar a la piscina y se quedarían sin almorzar. Juan pasó por mi lado muy molesto, se quitó los flotadores de los brazos y los lanzó con furia. Uno le cayó a su madre, que estaba recogiendo la ropa regada en el piso de la habitación. Fue suficiente para dejarme llevar por la ira: lo cogí de los brazos y, sin pensarlo dos veces, lo llevé hasta la piscina y lo lancé. Juan no sabía bucear ni nadar y cuando jugaba en el lado menos profundo sentía ahogarse cada vez que le salpicaba agua en la cara. Cuando reaccioné, estaba sumergido completamente, lo saqué aterrorizado, se alejó inmediatamente de mí y corrió donde su mamá.

—Mi papá me ha ahogado —le decía a su madre entre lágrimas.

Puedo argumentar que él no corría ningún peligro y que solo fue un susto. Sin embargo, eso no interesa. Lo que realmente importa es cómo vivió el pequeño, desde su perspectiva, esa experiencia y de qué manera ella afectará más adelante su conducta.

Pasó mucho tiempo para volver a ganar su confianza. Inicialmente no quería que me acercase a él cuando estábamos en el agua y tiempo después apenas si me dejaba cogerlo de la mano.

Los patrones de nuestros padres siempre están allí. Los llevamos bien guardaditos, protegidos por nuestra inconsciencia, no identificados, llevamos con nosotros una bomba que en cualquier momento puede explotar.

¿Y cómo desactivamos esa bomba? Puede que no sea tan sencillo, pero lo primero que debemos reconocer es que la llevamos con nosotros. Eso es bastante, porque nos permitirá andar con más cuidado, evitando tropezar y se nos caiga y explote. Además, estaremos muy atentos a su temperatura; pues, a más calor, mayor peligro, y cuando eso suceda sabremos ubicarla lejos del alcance de los que nos rodean.

Desactivar un artefacto peligroso requiere romper un circuito o, mejor dicho, una programación y, para hacer ello, la mejor opción es buscar ayuda profesional especializada; pues si contiene una energía muy poderosa e inestable puede explosionarnos en la cara con efectos mayores.

El perdón puede ser para muchos la otra opción. En un acto de desprendimiento y nobleza, tratar de soltar rencores pasados y heridas mal curadas, volver la vista a quienes nos hicieron daño y, entendiendo sus limitaciones del momento en que los hechos ocurrieron, simplemente perdonarlos y con ello alcanzar paz interior y mirar al futuro con más optimismo.

Sin embargo, pienso que creer que tenemos el poder de perdonar pone nuestro ego en primer lugar y nos coloca en la posición del que tiene la razón y que hay un culpable, alguien que nos perjudicó. Debemos entender que no fue la persona, sino su conducta, la cual fue aprendida, moldeada y programada por quienes la criaron; es decir, fue un patrón o programa que actuó por encima del ser.

Hace dos años falleció mi madre. Sufrió mucho antes de irse, atacada por un cáncer que la consumía de a pocos. La contemplaba echada en la cama del hospital, quejándose de rato en rato por un dolor que la debilitaba cada vez más. Ya no era la mujer fuerte que se enfrentaba conmigo, a la que respetaba, más que nada, por temor. Se estaba yendo y por mi cabeza pasaron muchos recuerdos buenos y malos. Malos como cuando, cansado de sus golpes, una tarde en que me castigaba injustamente y amenazaba con matarme, entré a la cocina, busqué un cuchillo y se lo aventé a los pies, exigiéndole que lo hiciera de una vez si eso era lo que tanto quería.

Debo confesar que en muchas oportunidades, cuando la rabia y la frustración se apoderaban de mí, luego recibir un castigo injusto, cuando todavía sentía el dolor del látigo, le deseé lo peor. «Algún día pagarás todo lo que me haces», pensaba, susurraba.

Después de haber vivido tantas experiencias poco alegres con ella, aprendí a perdonar cada uno de sus exabruptos. Sin embargo, pasados los años, me di cuenta de que no era suficiente. El perdón puede ser ficticio y te das cuenta cuando cada vez que sucede una situación similar, por pequeña que sea, te duele igual.

Recuerdo el caso de una amiga, Elisabeth. Ella se separó de su esposo, Felipe, después de diez años de convivencia. Un día lo encontró en su propia cama con su amante. Él hizo todo lo que estuvo a su alcance para reconciliarse con ella y luego de unos meses ella lo «perdonó». Volvieron a vivir juntos y al poco tiempo tuvieron otro hijo, pero Elisabeth aprovechaba cualquier situación o acontecimiento para humillar a su esposo delante de sus familiares o amigos, haciéndolo ver como un desgraciado traidor. Él soportó sus ofensas por casi dos años, hasta que se cansó. Elisabeth nunca perdonó a Felipe. Se engañó a sí misma queriendo rehacer su matrimonio y solo alargó la agonía de este.

Como en el caso de mi amiga, para mí, el perdón no fue suficiente. La verdadera paz la encontré cuando acepté los sucesos del pasado que me tocó vivir. Dejando los juicios de lado y cosechando aprendizajes de cada experiencia, sin buscar culpables, porque realmente no los hay. Pues, no fue ella, mi madre, la que realmente me agredió. Ella solo repetía lo que le habían enseñado. Repetía un patrón, el mismo que yo repetí hace unos años con mis hijos.

Como dice Juan Diego Gómez: «Todos podemos tener un pasado feliz». Es decir, tenemos la oportunidad de tomar la decisión de darle un sentido y valor a las experiencias. Asumir que, por alguna razón, el universo nos puso ante ellas para aprender y trascender y no para repetirlas. De ahora en adelante, somos responsables de esa decisión.

3.
EL NIÑO NUNCA TIENE LA CULPA

*Madurez es lo que alcanzo cuando ya no tengo la necesidad
de culpar a nada ni nadie de lo que me sucede.*

Anthony de Mello

*Una persona que se siente culpable se convierte en su propio
verdugo.*

Séneca

A los nueve años, Sofía era una niña con complejos. A pesar de su alegría y su entusiasmo, sentía que no encajaba en su familia. Pasaba los días tratando de agradar a sus padres, pero asumía, por el gesto, la mirada e incluso las acciones de ellos, que no era correspondida. Además, por momentos, una sensación de soledad la invadía, pues sus padres salían todo el día a trabajar y muchas veces la dejaban cuidando a su pequeño hermano de cuatro años.

Desde muy pequeña le fueron dando responsabilidades que no correspondían a su edad. Se levantaba a las seis de la mañana para hacer la limpieza de la casa, compraba el pan, desayunaba y después de lavar los servicios acompañaba a su mamá al mercado de productores, donde ella trabajaba vendiendo mercería.

En una carretilla, que usaba su papá para la construcción de la casa, llevaba la mercadería y una mesa desarmable, mientras que Emilia, su madre, hacía lo propio con unos costalillos, tarea que se repetía todos los días a las nueve de la mañana. Sofía ayudaba en esta labor con mucha alegría, era el momento en que se sentía más cerca de su madre. Aunque, a veces, sintió un poco de vergüenza al hacerlo, sobre todo cuando los vecinos y algunos niños del barrio se la quedaban mirando. Eso era lo que más le incomodaba, pues para ella era un gusto ayudar a su madre y una oportunidad de ser reconocida.

Justamente eso, el reconocimiento, estaba ausente en su familia. Por el contrario, cada vez que cometía un error o rompía algo la reprendían con dureza, y hacían que se sintiera culpable y torpe.

Si bien Sofía era un poco distraída, esperar que una niña de nueve años haga todo de la mejor manera era ilógico. Sofía solía soñar despierta y, a veces, hacía las cosas apurada tratando de acabar rápido para poder salir a jugar con sus amigas. Así que, más de una vez, descuidó sus supuestas obligaciones, y no eran poco frecuentes los regaños que recibía de su mamá.

Una tarde, cansada por el trajín y las tareas, se quedó dormida, mientras su hermano Rodolfo jugaba en la cocina. El pequeño se dio cuenta de que nadie lo vigilaba y aprovechó la oportunidad para hacer de las suyas y se subió al lavadero. De pronto, un estrepitoso ruido la despertó. Fue corriendo a ver lo que sucedía y encontró llorando a la criatura, en medio de los platos y utensilios sucios y rotos. Una hora más tarde estaba siendo reprendida por su mamá, quien descargaba con la niña su frustración e impotencia de no tener una vida mejor.

—Eres una inútil. Nada haces bien —le decía con desprecio.

Sofía estaba acostumbrada a sufrir esos atropellos; sin embargo, esa noche sintió un dolor mayor. Se fue a la cama tratando de no llorar, pero sus lágrimas se escurrían por sus mejillas, se sentía torpe y culpable de los problemas que aquejaban a su hogar.

Más calmada, pasó varias horas pensando qué podía hacer para compensar el daño causado y que su mamá la perdone, pero, sobre todo, qué podía hacer para ser reconocida, valorada y que todos se sientan orgullosa de ella. Entonces se le ocurrió la idea de hacer el almuerzo del día siguiente y sorprender a su madre de esa manera. Aunque todavía no sabía cocinar muy bien.

Al día siguiente, se levantó muy temprano y con más entusiasmo de lo normal, esperó que sus padres se fueran y se puso a trabajar. Picó las cebollas y verduras lo mejor que pudo, tratando de hacerlo como lo hacía mamá. Mezcló los ingredientes y añadió el pollo en trozos junto con el arroz, metió todo en una olla y prendió alegre la cocina, imaginando el rostro de sorpresa y emoción de su madre al llegar a casa y encontrar que su hija había preparado el almuerzo.

Calculó unos veinte minutos de cocción, había tiempo de ver la tele, se fue a la salita donde estaba el aparato y lo encendió. Justo en ese momento pescó su programa favorito y luego de casi una hora viendo *Cantinflas y sus amigos*, advirtió que algo no estaba bien.

Sintió un olor a quemado, se levantó, corrió hacia la cocina y encontró un desastre. Se había olvidado de la comida.

Un sentimiento terrible empezó a recorrer todo su cuerpo. Una profunda sensación de culpa, de sentirse inútil y torpe se arraigaron en ella. Trató de arreglar un poco el desastre, pero se perdió toda la comida.

Más temprano que de costumbre, su madre llegó y, al ver esta escena, entró en crisis. No hizo ninguna pregunta, solo empezó a gritar y a insultar.

—¡Eres una inútil, Sofía! ¡No sirves para nada! —le increpó duramente.

—Mami, yo solo quería... —no pudo terminar su explicación.

—¡Por tu culpa no almorzaremos hoy! ¡Siempre haces todo mal! Después de todo lo que he hecho por ti, ¿así es cómo me pagas? —terminó de fulminarla para siempre.

Sofía, inmóvil, apretaba sus manos y con la cabeza gacha quería correr, pero no podía; quería desaparecer, pero su cuerpo no le hacía caso. Su piel se puso roja de tanto calor que emanaba desde dentro, como que si fuera a explotar. Quieta, las lágrimas brotaban de sus ojos. Se sintió inútil, se sintió culpable.

Pasaron once años y Sofía era una chica alegre y entusiasta, que bromeaba con sus amigas y solía jugar vóley todos los fines de semana. Estaba en la academia, quería postular a la universidad y estudiar arquitectura, y para pagar sus estudios trabajaba en una panadería en la avenida Colonial. Parecía haber olvidado los momentos duros vividos en su hogar, se sentía dueña de sus actos y optimista con su destino. Lamentablemente, una noche las cosas cambiaron.

Un viernes de julio de 1996 salió tarde de la panadería, eran alrededor de las once, hacía frío y el cielo estaba más oscuro que de costumbre. Se abrigó bien y empezó la marcha. Tenía que tomar el ómnibus y el paradero estaba a seis cuadras de camino. Caminó presurosa a fin de llegar lo más rápido posible a su casa. Tenía un examen al día siguiente y quería estudiar. Faltando unos metros para llegar el paradero, un sujeto extraño, flaco, alto, de entre treinta y cinco y cuarenta años, con una polera y capucha negra se le acercó, la abrazó y le dijo:

—Sigue caminando, no hagas una estupidez.

Sofía sintió un escalofrío que la inmovilizó.

—No te va a pasar nada, tranquila —dijo para calmarla y no llamar la atención.

Ella quiso quitarle el brazo, pero de pronto se dio cuenta de que el tipo la amenazaba con un cuchillo, así que siguió caminando atemorizada, muerta de miedo, sin saber qué hacer. El lugar no estaba desolado, por momentos pasaban cerca de ellos algunos transeúntes, pero Sofía estaba bloqueada y era incapaz de reaccionar. El hombre la desvió hacia un callejón y confundida se la siguió llevando. La joven estaba aterrorizada ante lo que le esperaba y tenía mucho miedo de tomar una decisión incorrecta.

En un momento, mientras caminaban lentamente, Sofía pudo percatarse de que Alberto, un cliente de la panadería, se acercaba por el otro extremo de la calle. Él era un tipo grande y fuerte, de unos cuarenta años, que solía ir diariamente a comprar el pan de la mañana y era muy cortés. Cuando lo identificó quiso gritar y pedirle auxilio. Su cabeza le decía a su boca que grite y a su cuerpo que corra, pero estos no la obedecían. El delincuente la abrazó todavía más y Alberto siguió su camino sin reparar en la escena. Sofía sintió que había dejado pasar la única oportunidad de salvarse. Finalmente, la llevó unas cuadras más hacia el norte y en un descampado abusó de ella.

*

De acuerdo con el Ministerio Público peruano, en el 2017 se realizaron más de 25 000 denuncias por violación sexual; es decir, al menos 70 casos diarios ocurrieron ese año. Nuestro país ocupa uno de los primeros lugares en los *rankings* de violación sexual en Latinoamérica y en el mundo. Lamentablemente, solo países como Etiopía y Bangladés superan estas tazas de violencia.

Esto refleja la cultura machista que hay en el Perú, donde las mujeres todavía no pueden ejercer sus derechos de la misma manera que los hombres. Un estudio realizado por investigadores, entre los que destaca Jesús María Canto, de la Universidad de Málaga, ha analizado cómo gran parte de la sociedad culpabiliza a la víctima de una violación debido a una cultura del honor que se basa en la fidelidad femenina y en la importancia de una buena reputación. La supuesta «cultura de honor» tiene preceptos como: una mujer tiene que mantenerse virgen hasta el matrimonio y tiene que cuidar su imagen, su forma de vestirse y de hablar.

Es común escuchar el calificativo de *zorra* o *puta* para señalar a una mujer que anda en minifalda y con tacones en la noche. Incluso muchas veces justificamos un ataque sexual por estas circunstancias.

Según estas investigaciones, conocer y entender la maraña ideológica y las actitudes del ser humano ante las agresiones sexuales sufridas por las mujeres, es muy importante para desmontar prejuicios que sufren las mujeres violadas en nuestra sociedad. Estos tipos de violencia afectan severamente tanto la parte física como la mental o psicológica, pero se acrecienta por el medio que nos rodea, por la sociedad, por las creencias de cada familia, por el sentimiento de culpa que muchas personas violentadas sienten, como si ellas hubieran sido las responsables de cuidarse y de evitar esos maltratos.

En el caso de Sofía, tuvo que escuchar durante mucho tiempo las frases tan duras que venían de sus padres, quienes le repetían constantemente que era culpable de todos los errores o equivocaciones que cometía. Mucho antes del abuso, ella ya tenía un sentimiento de culpa muy marcado en su psique. Sus padres, sin querer, la habían programado de esa manera, dejándola expuesta para siempre y haciéndole creer que ella se merecía un castigo.

Quince años después de esta terrible experiencia, conversé con ella. Aparentaba estar bien, pero, más adelante, me contó que todavía cargaba con el dolor, no tanto por el abuso del que fue víctima sino por la culpa de no haber sido capaz de evitarlo.

A pesar del tiempo transcurrido, Sofía constantemente se recrimina el hecho de que estuvo en sus manos evitar ese suceso y se volvió muy dura consigo misma reprochándose casi a diario con frases que demuestran el sentimiento de culpa que quedó impregnado en todo su ser:

—¿Por qué no tuve el valor de pedir ayuda?

—¿Por qué no grité?

—¿Por qué no me defendí?

—Soy una estúpida y me lo merezco.

—No merezco ser feliz.

La sensación de culpa es un lastre terrible porque si no es superada nos acompaña toda la vida. Sentirse culpable de un acto o una omisión, incluso frente a nuestros pensamientos, provoca un juicio mental negativo y solemos ser muy duros y rígidos con nosotros mismos. Desgraciadamente, todo esto suele ser aprendido durante nuestra infancia.

Acostumbramos reprender de la misma manera que fuimos reprendidos, así el trato que recibimos de nuestros padres determinará nuestra programación. Esto sucedió con Sofía, ella siempre fue dura consigo misma y ante un error asumió que debía ser castigada. Hacer un juicio de nosotros, determinar que somos culpables y creer que merecemos un castigo, nos marcará la vida para siempre.

Poco a poco, Sofía dejó de sonreír. Dejó de ser la chica alegre y ya no disfrutaba las cosas que hacía antes. Pero ¿cómo iba a disfrutar si se sentía culpable, si merecía un castigo? Se volvió incapaz de concretar un negocio. No podía lograr grandes cosas porque ella misma se boicoteaba, se castigaba. Sus relaciones de pareja no llegaban a buen término porque ella las acababa justo cuando pasaban por su mejor momento. No se las merecía.

Como si sintiera la necesidad de ser castigada, como si odiara disfrutar de la vida, descuidó su apariencia y peleaba constantemente con su hermano. El sentimiento de culpa la acompañó muchos años. Podrán pasar treinta, cuarenta, cincuenta años, pero si no toma conciencia del verdadero origen de su sentimiento de culpa y de que nunca fue responsable de lo que le pasó, seguirá con la misma carga hasta autodestruirse.

Es importante entender que los problemas, el trauma, la sensación de culpa, no se originan a partir de un suceso violento, sino mucho más atrás, en las múltiples situaciones que experimenta una persona durante su niñez, como aquella que sufrió Sofía el día en que quemó la comida.

Ahora nadie la acusa de nada. Nadie la apunta con el dedo. Nadie quiere un castigo para ella, pero lleva consigo un inquisidor muy severo, un juez que permanentemente la declara culpable y que le da los castigos más rigurosos, porque así fue entrenada. Ese juez está bien instalado en su cabeza y lleva allí muchos años. Puede ser que también uno similar esté en las nuestras y no nos demos cuenta.

Es muy probable que esa voz que resuena en su cabeza sea la de su madre o la de un ser querido que la juzga y la acusa por los hechos ocurridos. Esta situación no es real, pero nuestra mente nos juega sucio y, a veces, nos hace imaginar realidades que no existen, que son solo improntas o programaciones dejadas ahí, incluso desde antes de nacer, por aquellos que más cerca estuvieron de nosotros.

Durante los primeros años de vida, en los que nuestra mente consciente no está bien desarrollada y no somos capaces de discernir el contexto que rodea a un evento, es donde la otra parte de nuestra mente, la inconsciente, recibe el cúmulo de emociones día a día. Situaciones que para un adulto no tienen mayor significancia, para un pequeño de dos años pueden suponer mucho dolor o frustración. Así, cuando una madre tiene que viajar a visitar a un familiar y el pequeño hijo se queda en casa, este puede experimentar abandono y soledad y, lo que es peor, esa emoción puede quedar grabada en su memoria para siempre.

En mayor o menor medida, todos cometemos errores. Equivocarse es parte del proceso de aprendizaje y reconocerlos y superarlos nos permite ser mejores personas. No confundamos el error con una torpeza o fracaso. Debemos darnos cuenta de que no se puede ser perfecto a la hora de cumplir con alguna indicación o alguna norma, menos cuando nos sentimos presionados por las reglas y costumbres de nuestro hogar. Reglas que fueron impuestas por nuestros padres y que a su vez fueron impuestas por los padres de ellos.

La culpa se manifiesta también, para muchos creyentes, como producto del pecado y de manera inconsciente tiene los mismos efectos que la culpa impuesta por nuestros padres. Nos han hecho creer que nacemos culpables por algo que jamás hicimos y cargamos con nosotros el pecado original de Adán y Eva.

Según la doctrina cristiana, Jesús, el hijo de Dios, vino a este mundo para redimirnos del pecado. Para ello sufrió una cruel tortura y terminó siendo asesinado de manera sanguinaria. Todo por nuestra culpa y la de nuestros ancestros. No me queda muy claro, pero es fácil inferir que, si alguien tiene que sufrir y morir por ti, este hecho te hace más que responsable, te hace culpable y, por lo tanto, quedas en gran deuda con quien supuestamente te salvó.

Más aún, las imágenes que se exponen dentro de los templos católicos, sobre todo en los más antiguos, refuerzan esta sensación limitante. Esculturas de Cristo mostrando sus heridas manchadas de sangre y pinturas con escenas de la Pasión, sirven para que recordarnos que «estamos en deuda».

En efecto, el psicoanálisis ha descubierto que la culpa no depende de la transgresión a la ley o de la realización de un acto prohibido. Ella es una «misteriosa sustancia que no emana de ninguna realidad [y que] se destila en la profunda alquimia del inconsciente». En todo caso, la culpa es un elemento esencial del ser humano, de tal manera que si falta o si es excesiva, provocará graves desajustes en el sujeto. «Una culpa excesiva puede hacer que alguien busque su propia destrucción, y un sujeto sin culpa es un instrumento apto para causar la destrucción de los otros» (Dessal).

La culpa es uno de los sentimientos más negativos que puede tener el ser humano y, al mismo tiempo, una de las maneras más utilizadas para manipular a los otros.
Bernardo Stamateas

Si ya somos conscientes de que el sentimiento de culpa no nos permite avanzar hacia una felicidad plena, o nos distrae y nos lleva hacia la ira y al autosabotaje, el dolor y la frustración, entonces es momento de hacer algo al respecto y no dejar que esas emociones negativas sean las que gobiernen nuestras vidas.

Propongo algunos aspectos para tomar en cuenta con la siguiente metodología:

1. Identifica aquellas situaciones del día a día en las que experimentas alguna emoción de culpabilidad. Puede ser, por ejemplo, cuando te vas a trabajar y regresas muy tarde, mientras tu hijo de cinco años se queda solo con la nana y luego, para compensar tu ausencia le das tu celular.

2. Describe lo que sientes, trata de ser muy específico. Siguiendo con el ejemplo, en esas situaciones es frecuente experimentar una sensación de abandono: «Me siento culpable por dejar solo todo el día a mi hijo».

3. Busca una foto de cuando tenías entre cuatro y siete años y obsérvala. Revive por un momento tu niño interior y trata de sentir lo que sentía. Cierra los ojos y recuerda aquel momento en que viviste una situación parecida a la que identificaste (como cuando rompiste algo y te castigaron o te sentiste abandonado, solo). Deja aflorar tus emociones, no las reprimas, puede que emerja un llanto incontenible o una rabia incontrolable. Siente lo que sentías.

4. Ahora, desde tu parte consciente abraza a tu niño interior, cálmalo y dile que no es su culpa, que un niño nunca es culpable, que tiene derecho a equivocarse y que de ahora en adelante estarás a su lado para protegerlo y cuidarlo. Es momento también de perdonar a los que generaron ese sentimiento, no sin antes hacerles ver que los llevas en tu corazón, pero que su modo de actuar no fue el correcto.

Finalmente, es recomendable repetir este ejercicio cuantas veces sea necesario y elaborar algún plan que pueda servirte para disminuir los efectos de estas emociones negativas. Si a pesar de todo esto persisten y no hay nada más que hacer, entonces acepta esa situación y solo aprende, que al menos te sirva para comprender mejor tus actitudes. Luego suéltalas, déjalas ir y no pierdas la oportunidad de sacar alguna enseñanza que te haga una mejor persona.

Muchas veces el universo nos coloca en situaciones difíciles, nos pone a prueba para que podamos aprender del éxito o de la derrota, de un logro o de una equivocación. El no aprender sí sería un error, pero si consigues superar una situación negativa, entonces habrá valido la pena.

Es importante tener el propósito de disfrutar de todo lo que nos sucede o poseemos, porque somos merecedores de las cosas buenas que nos da la vida. Para ello es necesario deshacernos de las falsas culpas programadas en nuestro inconsciente y ser responsables solo de nuestras decisiones y no de las de otros.

4

LOS JUICIOS QUE NO NOS DEJAN AVANZAR

El infierno es el lugar donde hacemos juicios constantemente.

Curso de milagros

D ecía René Descartes: «La razón o el juicio es la única cosa que nos hace hombres y nos distingue de los animales». Y no le faltaba razón. Hacer juicios, para bien o para mal, nos diferencia de otras especies. ¿Será por eso que los cuadrúpedos no llevan consigo ruidos mentales que los atormentan o distraen? No me puedo imaginar a una leona preocupada por la falta de detalles de su león, ni a un gato con baja autoestima por tener la colita chueca.

La razón o juicio es un don importante de los humanos que ha servido para nuestro desarrollo, pero que también ha provocado mucho dolor y muerte a lo largo de la historia. Hoy es frecuente observar, en conversaciones íntimas o en sesiones de *coaching*, el sufrimiento que muchas personas padecen por sus propios juicios, que se convierten en una carga pesada que los acompaña a donde vayan. Peor aún si estos juicios tienen origen en la infancia, y han sido impuestos a través de situaciones de violencia física o psicológica, o de experiencias de abandono traumático como el que sufrió Julia.

Julia

Huarip es un caserío en las alturas de la sierra de Áncash. Vivir en este bello lugar era como estar encima del cielo, pues en muchas ocasiones las nubes se veían por debajo de los pies. En época de lluvias, Huarip se convertía en un paraje todavía más hermoso, los cerros se vestían de colores por las yerbas silvestres y los árboles se llenaban de campanillas y frutas sabrosas. Era una tierra privilegiada para la agricultura y la crianza de animales; sin embargo, lo poblaban solo unas cuantas familias debido a lo difícil de su acceso. Una de ellas era la familia de Julia.

Sus abuelos se encargaron de cuidarla desde los nueve meses de edad. Sus padres se habían separado antes de que ella naciera, y Modesta, su mamá, empezó una nueva relación a los pocos meses del parto. Sin embargo, el pueblo no la dejaría ser feliz y señalaba a la pareja con el dedo acusador y moralista. Frente a la presión, la madre tomó la dura decisión de abandonar el caserío y dejar a Julia al cuidado de sus abuelos.

Obviamente, Modesta pensó que eso era lo más conveniente para la pequeña, pero los años demostraron lo contrario. La ausencia de sus verdaderos padres volvió a Julia una niña triste e insegura. El abuelo Javier le prohibía jugar con los niños y la obligaba a dedicarse a las labores de la casa y de la chacra, como pastar ovejas o chanchos. Tenía unos tíos con los que a veces jugaba, aunque en realidad eran ellos los que jugaban con ella. Se divertían asustándola con historias de *pishtacos* y otras veces le daban un poco de aguardiente para animarla a bailar o hacer una gracia.

Qué duro debe ser para un niño vivir lejos de sus padres. Peor aún, sentir que ha sido abandonado. Por esa razón, lo que más anhelaba el corazón de Julia era la presencia de su madre, que volviera algún día y se la llevara con ella a Lima. Para ello procuraba portarse bien, pues la habían amenazado diciéndole que si no lo hacía, su madre nunca la recogería.

Modesta volvió para el quinto cumpleaños de Julia. Estuvo una semana y fueron inseparables. Se levantaban temprano, iban juntas a la chacra y trataban de ayudarse en lo que podían. Los siete días pasaron muy rápido. Una tarde, mientras Modesta alistaba sus maletas, Julia la observaba emocionada, confiada de que se la llevaría. Lamentablemente, al rato se dio cuenta de que no iba a ser así. Desesperada, solo atinó a abrazar a su madre y a suplicarle que la llevara con ella. Ante tanta insistencia, Modesta hizo un gesto positivo de consentimiento. No lo podía creer, finalmente se iría a vivir con su madre como tanto había deseado.

—Pero antes tienes que llevar a los chanchos a la banda —le dijo Modesta a la niña, que saltaba de alegría.

Julia corrió entusiasmada, cruzó el río arreando los chanchos y tan pronto pudo se dio vuelta y regresó a toda la velocidad que le permitieron sus piernecitas, pero al llegar Modesta ya no estaba, se había marchado en su caballo.

Sorprendida, sin poder creerlo y a punto de estallar en lágrimas, buscó a su tío Julio para averiguar por cuál camino se había ido su madre. Este, ante tanta insistencia, se lo indicó. Julia corrió cuanto pudo sin preocuparse de caer al abismo que bordeaba la peligrosa senda y logró divisar a lo lejos a Modesta y aunque gritó con toda su fuerza, ella no la escuchó. Siguió corriendo, pero fue en vano, ya no pudo alcanzarla, se quedó sin fuerzas y solo atinó a dejarse caer bajo un árbol de eucalipto y llorar amargamente. Sin nadie que la consolara, con el alma destrozada, sin entender por qué su madre no la quería, por qué valía tan poco para ella, por qué una vez más la abandonaba, se fue, poco a poco, quedando dormida.

Un tiempo después, Modesta se armó de valor y volvió a Huarip en busca de su hija. Ya no podía vivir más tiempo partida en dos. Esta vez Modesta regresó acompañada de Gloria, su hija más pequeña, de tres años de edad. Conversó con sus padres, que primero se opusieron, pero luego aceptaron entregarle a su nieta, no sin antes advertirle que no volverían ayudarla y que no les dejara a Julia nunca más.

Esta vez Julia ya no estaba tan emocionada de volver con su madre. Algo se había perdido y en vez de ello sentía resentimiento e incredulidad. Alistó sus juguetitos de madera y una muñeca rota que le había regalado su abuela, juntó su ropa y puso todo en una bolsa. Se despidió de sus abuelos y emprendió, junto con su madre y su hermana, el camino a su nueva casa en la ciudad de Lima.

Para volver era necesario caminar de nueve a diez horas por un camino angosto, entre cerros y quebradas, luego esperar un camión que llevaba carga, para después de seis horas llegar a Huarmey y de allí, finalmente, tomar un bus hasta Lima.

Salieron mucho antes del amanecer. Modesta, montada en un caballo, llevaba en brazos a Gloria, que había enfermado y estaba con fiebre. Mientras Julia las seguía caminando al lado. La pequeña miraba con envidia cómo su mamá cargaba a la más pequeña, mientras ella debía caminar. En ese momento no comprendió que su hermanita estaba enferma.

Julia, como muchos niños de la sierra, estaba acostumbrada a caminar. Modesta lo sabía y confiaba en ello; sin embargo, esta vez el recorrido era mucho más largo. Como a mitad de camino y con el sol ya encima, Julia empezó a sentir un gran cansancio y en algunas ocasiones resbaló por el camino, aunque sin preocuparse mucho porque se sentía, de algún modo, protegida. Deseó muchas veces montar en el caballo e ir en los brazos de su madre; no obstante, ese momento jamás llegó. Le tocó caminar bastante sobre un camino tedioso y duro. Avanzaba con los pies muy lastimados por las piedras del sendero y con un cansancio que superó con gran esfuerzo.

Así siguieron un largo rato hasta que, luego de mucho sacrificio, llegaron a una pampa, lugar donde se estacionaban los buses para trasladar pasajeros a la ciudad de Huarmey. Fue ahí donde Julia vio por primera vez un vehículo. Llena de asombro, quedó fascinada con esos aparatos. Varias horas después llegaron a Huarmey, y aunque el viaje había sido largo y agotador aún les quedaba un último tramo. Con mucho malestar y mareos, subió a otro bus, todavía más grande, que la traería a la capital.

Al llegar a la ciudad de Lima observó, por primera vez, mucha iluminación. Era de noche, pero podía notar que las calles, las casas y los edificios eran de un material diferente al que ella conocía en la sierra. Sorprendida, veía carros y escuchaba ruido por todas partes. Todo lo observaba en silencio, no dialogaba con su madre debido, quizá, a que no sentía, todavía, un lazo de confianza con ella.

Julia y Modesta llegaron a un edificio de muchos pisos en el distrito de Miraflores, a un lugar llamado El Reducto. Ambas ingresaron a un departamentito del primer piso, allí conoció por primera vez a la pareja de su madre y descubrió que tenía una hermana más. En ese instante empezó una nueva historia en la vida de Julia, todo era tan extraño y diferente que ella simplemente observaba en silencio.

Desconfiada y sin el cariño que tanto esperó, los días pasaban y extraños sentimientos empezaban a brotar dentro de ella. Julia empezó a darse cuenta de que la trataban diferente que, probablemente por sus rasgos, su carita quemada, sus trenzas, su vestimenta o su humildad, propios de una niña recién llegada de la sierra, con cultura y costumbres diferentes, era muy discriminada.

Su rostro ya no reflejaba alegría, sino una triste soledad. Incapaz de expresar sus sentimientos, no hablaba, no pedía lo que necesitaba, no reclamaba, no preguntaba, no jugaba y sufría la diferencia en el trato de sus familiares y demás personas del entorno. No entendía por qué, si ella era una niña muy trabajadora, limpia, ordenada y honesta, que se esforzaba en cumplir con sus nuevas responsabilidades en casa y con sus hermanas, y que solo esperaba un poquito de protección y cariño, era objeto de tantas críticas y maltrato por los errores que cometía.

Un día, mientras esperaba en la esquina de una calle próxima al edificio —como acostumbraba en su provincia— comenzó a saludar a todas las personas que transitaban por ahí. Algunos, sorprendidos, le respondían amablemente, pero la mayoría, niños o adultos, no le respondían el saludo y así, tristemente, fue perdiendo esa costumbre tan bonita e importante.

Con relación a sus hermanas se sentía muy desplazada. Mientras ellas tenían un padre con quien jugar, divertirse y recibir cariño, Julia solo aguantaba las lágrimas, un enorme deseo de llorar contraía corazón. Ansiaba lo mismo que ellas, pero no tenía la misma oportunidad y siguió siendo una niña triste, se sentía como el patito feo de la historia.

Respecto a su mamá, a pesar de estar a su lado como siempre anheló, no lograba ganarse su confianza o sentía que ella no se la daba. Julia era consciente de lo mucho que su mamá la quería, pero casi nunca se lo demostraba. No la engreía como a las demás niñas, pero esa era su forma de ser. A Julia le hubiera gustado construir una gran amistad y cariño con ella, pero nunca fue así.

Aunque no tenía paciencia, Modesta trataba de ayudarla con las tareas del colegio. Julia, que a veces tenía dificultades para resolver los ejercicios de matemática, se quedaba callada y no pedía ayuda por miedo a preguntar. Alterada por esta situación, su madre la reprochaba:

—¡Burra! Si no puedes, te voy a regresar a Huarip para que *pastees* chanchos.

Julia siempre creyó que solo lo decía solo para asustarla. Ella sabía bien que el papá de sus hermanas no era su padre y lo llamaba por su nombre. Le parecía muy buena persona, era el responsable de la seguridad del edificio y era muy amable con las personas que residían en los departamentos. Un día, la familia de Julia recibió la visita de su padrino de bautizo. Un señor muy cariñoso con ella desde cuando era muy pequeña. La familia conversaba, al rato le pidió que se sentara a su costado y le dijo:

—Ese señor que vive con tu mamá es la persona que a ti también te va a criar y tú también tienes que decirle papá.

Fue un sablazo que le atravesó el corazón. Rebelde, no estaba de acuerdo con eso. Ella, en algún momento, ya había conocido a su padre, quien la había cargado en sus brazos y le había dicho, muy despacito, «soy tu papá». Si bien el corazón de Julia guardaba un poquito de amor hacia esa persona que en algún momento estuvo con ella, sentía que tenía que cumplir con el consejo que le había dado su padrino. Tenía que hacerlo por respeto. Decirle «papá» a alguien que no lo era le resultaba muy difícil, no era fácil pronunciar esa palabra, no porque fuese una mala persona, sino porque la naturaleza es así. No se puede decir con facilidad «mamá» o «papá» a quien no lo es porque son palabras que salen del corazón.

Cuando Julia pronunció la palabra, su rostro se llenó de lágrimas. Esto ocurrió varias veces durante muchos días, hasta que se acostumbró a decir «papá». Así, también, poco a poco empezó a ganarse la amistad y la confianza de sus hermanas —que eran para ella unas niñas muy lindas y alegres porque tenían una familia y unos padres que las amaban— y la consideración y el respeto de todos, ya que fue de mucha ayuda para su madre en el cuidado de la casa y la crianza de sus hermanas.

*

Julia nos comparte su historia para revelar ese sentimiento escondido, reprimido, de muchos niños frente al dolor que experimentan, la falta de decisión o ayuda para poder expresar sus pesares, sus deseos, sus anhelos y poder vivir en armonía y paz, relacionándose con los demás, con cariño, con amor y alcanzar de esta forma la felicidad.

Karina

Cuando ya no podemos cambiar una situación,
tenemos el desafío de cambiarnos a nosotros mismos.

Viktor Frankl

Hay heridas marcadas desde antes de nacer, como cuando los padres se ven sorprendidos por un embarazo y buscan diferentes medios para deshacerse del ser vivo que late dentro del vientre de mamá. Si bien es cierto que los bebes no reconocen las palabras, sí son capaces de sentir las emociones originadas por situaciones de violencia o estrés, como las peleas o el abandono de los padres.

A Karina le tocó vivir este tipo de experiencias. Vino al mundo sin que la esperaran y, al poco tiempo, sus padres se separaron. Desde recién nacida, Karina empezó a sentir que no encajaba, que estorbaba. Su madre no tuvo más remedio que ir a vivir donde su suegra, quien no se cansó de humillarla hasta que, finalmente, la botó tres meses después.

Muy pequeña sintió que muchas noches su mamá la dejaba sola hasta el amanecer alumbrada por una vela y encerrada con candado. La gente decía que su madre se iba de fiesta y que era muy irresponsable. Cuando su padre se enteró de ello, la sacó de la casa y se la llevó otra vez donde su abuela.

En esta casa pasó los peores momentos de su vida. Las humillaciones y los castigos físicos se repetían a diario.

—Nunca vas a lograr nada. Eres una ordinaria y poca cosa —le repetía la abuela sin piedad.

Cada vez que su padre llegaba a verla, Karina le suplicaba que la llevara con él, pero este siempre le daba excusas. En una oportunidad, de manera inocente planeó irse a vivir con su amiguita de colegio, escondió su ropita en su bolsa de cuadernos para pasar desapercibida; pero la madre de su amiga le hizo ver la realidad y no le quedó otra cosa que regresar a esa casa.

El mejor momento del día era cuando jugaba con los amigos de barrio a las chapadas o al fulbito. A Karina nunca le gustaron las muñecas y se sentía mejor pateando una pelota o jugando toscamente con los niños. Su homosexualidad empezaba a revelarse y se confirmaría años más tarde, ya adolescente. A la abuela nunca le hizo gracia esa actitud. Lo que más detestaba era el «qué dirán» de la gente. Un día, se molestó tanto por los chismes de las vecinas que buscó una soga, le hizo unos nudos y la colocó en el cuello de la pequeña.

—Prefiero verte muerta antes que verte de machona —le dijo la abuela.

Karina sintió que le faltaba el aire, no tanto por la cuerda que le presionaba el cuello, sino por lo que acababa de escuchar. En el colegio tampoco le iba bien. Le tocó una profesora con el mismo carácter y los prejuicios de la abuela que la menospreciaba y humillaba constantemente. La llamaba «burra inútil» cuando hacía mal la tarea. Alguna vez se burló los libros usaditos que Karina llevaba a la escuela por falta de recursos e hizo pasar vergüenza y la humilló delante de todos sus compañeros.

Todo esto condujo a Karina a un estado de depresión. Se aisló de los demás y quería desaparecer. Contantemente pasaba por su cabeza la idea de terminar con su vida. Se imaginaba colgada de un tronco o saltando del puente. No quería seguir viviendo, perdió la confianza en sí misma y su alegría fue desapareciendo año tras año.

En la secundaria fue lo mismo. Nunca volvió a creer en sí misma. Sacó notas desaprobatorias, repitió un grado, y la castigaban e insultaban cada vez más. Desconfiaba tanto de ella misma que muchas veces se autosaboteó. En las pruebas, a pesar de conocer las respuestas correctas, respondía erróneamente, había algo que la impulsaba a comportarse de esa manera.

Ya de adulta trabajó vendiendo seguros. Ganaba comisiones, pero no vendía mucho. Era la que menos ingresos producía del equipo. No lo hacía mal, pues era empática y conectaba con los clientes; pero cuando ya estaba por cerrar la venta, escuchaba una voz en su mente que le decía: «Tú no sirves para esto», entonces dudaba, cambiaba de actitud y el cliente ya no compraba. La abuela, tiempo ya había muerto, pero su voz todavía permanecía en su cabeza.

*

Hacer juicios es una facultad para distinguir entre el bien y el mal, entre lo verdadero y lo falso. Son interpretaciones basadas en experiencias vividas o aprendidas, pero ¿qué asegura la correcta interpretación de algo?

Hacemos juicios desde muy pequeños sin tener claro el contexto ni la visión de la contraparte. En el caso de Julia, sus primeras interpretaciones las hizo desde el dolor y el sufrimiento, desde la visión de una niña de apenas cinco años. Luego de vivir experiencias como estas, lo único que puede pasar por la cabecita de una niña es que la dejan sola porque no se portó bien, porque no vale lo suficiente o no es tan buena para que la quieran.

La mente emocional se desarrolla a más temprana edad que la racional. La valoración de las experiencias de un infante parte desde allí. El dolor y el sufrimiento son producto de la interpretación de una falsa realidad que no toma en cuenta la otra parte, en este caso, la mamá.

Como consecuencia de los juicios y la sensación de dolor o frustración, surgen una serie de creencias limitantes, también llamadas improntas o programaciones. Las más comunes son las siguientes:

- No merezco ser feliz.
- Los demás son mejores que yo.
- A mí nunca me quisieron.
- Si alguien se aleja de mí, soy infeliz.

- Tengo que portarme bien para que me amen.
- Para ser alguien en la vida tengo que estudiar.
- Las cosas se consiguen con sufrimiento.
- Todos están contra mí.
- No hablo porque se van a burlar de mí.
- Cuando me case seré más feliz.
- Mis hijos son la razón de mi vida.
- No valgo lo suficiente para que me quieran.
- Por mi culpa se separaron mis padres.
- Si no existiera, todo sería más fácil.

El universo refuerza nuestras creencias, nos envía situaciones que las introducen todavía más en nuestro subconsciente. Un ejemplo común se da entre aquellas mujeres que creen que todos los hombres son malos y que de algún modo atraen a sus vidas individuos que les complican la existencia. No son conscientes de que el problema no está en los hombres, sino en ellas mismas.

Es crucial identificar cada una de las creencias que no nos permiten avanzar y nos hacen sufrir. Reconocerlas y tomar conciencia de ellas nos va a permitir manejarlas y hacer algo al respecto. Pero mientras no nos demos cuenta de que solo son patrones que se han ido formando a través del tiempo, de acuerdo con la familia, cultura, sociedad y religión, entonces dejaremos que en automático el programa viva y decida por nosotros.

Muchas de nuestras ideas, reacciones y pensamientos espontáneos no son propios, sino que han sido programados en nuestras mentes por los adultos que nos criaron. Tampoco se trata de buscar culpables, ni de juzgar a nuestros queridos padres. Ellos trataron de hacer lo mejor, pero no pudieron porque no estaban preparados. En vez de juzgarlos, deberíamos solo comprenderlos.

Nuestras creencias (juicios) son como semillas sembradas en el huerto de nuestra vida. Algunas pueden convertirse en un árbol alto y frondoso, y otras, solo en malas hierbas que destruyen lo que hay a su alrededor. Necesitamos aprender a ser conscientes de las semillas que sembraron en nuestra niñez para evitar la mala hierba.

David Fischman

En esos momentos, cuando reaccionemos de manera impulsiva o perdamos el control, recordemos que no somos nosotros, que es el programa actuando de forma automática.

La buena noticia es que todo lo que fue implantado en nuestra mente inconsciente se puede remover con el apoyo de técnicas como la Programación Neurolingüística PNL o el *coaching*, con la finalidad de crear nuevas ideas y pensamientos.

Un proverbio de los indios norteamericanos reza: «Antes de juzgar a alguien, camina tres lunas con sus mocasines». Esto nos advierte sobre el riesgo de ser injustos al juzgar a los demás, ya que cada vez que lo hacemos nos estamos equivocando porque la realidad del otro suele ser diferente de la nuestra. Es importante interiorizar este nivel de comprensión, sobre todo cuando experimentemos sufrimiento, pues la realidad externa es, por lo general, más benigna que la realidad mental.

Nuestros padres, parejas, amigos, vecinos o compañeros hacen lo que pueden desde su forma de ver las cosas y según los aprendizajes adquiridos. Cómo podemos ser capaces de juzgar sus emociones a través de sus acciones, si sabemos poco o nada de lo que les tocó vivir y de las programaciones mentales que llevan consigo.

«Nuestros padres no pudieron hacerlo mejor. En vez de juzgarlos, deberíamos comprenderlos».

En lugar de juzgar, comprender al otro es mucho más aleccionador. Debemos observar e indagar las razones por las que nos tocó vivir una determinada experiencia y, además, responder la siguiente pregunta: ¿qué debo aprender de esta situación? Es probable que la energía cósmica o el Universo nos coloquen frente a ellas justamente para APRENDER.

A los cincuenta años Julia todavía arrastra la sensación de abandono que vivió por parte de sus padres. Lo hace evidente cuando, por ejemplo, Carlos, su esposo, tiene que ir a trabajar a provincia y ausentarse uno o dos días. Pero esta vez a Julia le toca hacer el rol de victimaria y su mente produce juicios que la lastiman tanto a ella como a Carlos:

- Si me quisiera de verdad, no se iría.

- Siempre me quedo sola.

- Su trabajo es más importante que yo.

- Todos los hombres son iguales.

Cuando ella logre sanar las heridas que su propia mente creó en su niña interior, aceptando la realidad que le tocó vivir, aprendiendo y trascendiendo esos recuerdos, entonces será capaz de ver la vida con expectativa, con paz en su corazón y poder en su alma.

No es una tarea fácil, pero es necesaria. La ayuda profesional puede acortar ese camino, y ayudarla a tomar conciencia y a estar atenta a las circunstancias que la llevan a repetir lo que sintió de niña. Esto le permitirá un mejor autoconocimiento y la irá preparando para enfrentar cada vez, de mejor manera, estas experiencias.

5.
TÚ NO TIENES COMPARACIÓN

No estoy en este mundo para vivir a la altura de tus expectativas y no estás en este mundo para vivir a la altura de las mías.

Bruce Lee

Hace unos meses, después de vivir más de treinta y cinco años en Los Olivos —distrito ubicado a una hora del Cercado de Lima—, nos mudamos al centro de la ciudad, con la intención de encontrar mejores oportunidades y alternativas culturales. Pues, lamentablemente, cuanto más alejado estás del centro, más te alejas de las oportunidades y de las ofertas de mejor calidad, tanto en productos como en servicios.

Luego de algunos días de instalados, observé que Ana, la mayor de mis hijas, casi no salía de casa. Por más que la inducía y animaba a salir, prefería quedarse leyendo o viendo una película. Después de un tiempo descubrí que evitaba salir sola por temor a perderse, porque no se ubicaba bien en las nuevas calles e, incluso, en varias ocasiones había evitado reunirse con sus amigas por este miedo. A pesar de nuestras indicaciones, se ponía muy tensa y nerviosa y no

67

sabía qué línea de autobuses tomar. Esto me causaba mucha molestia e incomodidad. Cuando yo tenía su edad, iba a todos lados solo, hasta podía salir fuera de Lima sin mayor preocupación. Me apasionaba la aventura y cada vez que podía me alejaba decenas, cientos de kilómetros de mi hogar. Así, luego de hacer las comparaciones entre ella y yo cuando teníamos la misma edad: quince años, ella salía perdiendo. Se lo hice saber mostrándole mi enfado y decepción, reclamándole que cómo era posible que a su edad no pudiera ubicarse y tomar la línea de bus correcta.

—Cuando tenía tu edad, yo iba a todas partes solo. Nunca necesité que mi mamá me llevara —la reprendí con tono irónico—. ¿Cómo es posible que otras chicas de tu edad vayan de un lugar a otro con normalidad y para ti sea un problema? —insistí ofuscado.

A cada instante hacemos comparaciones. Si nos comparamos con los que están mejor que nosotros, nos sentimos fracasados; si lo hacemos con los que tienen menos, nos alucinamos exitosos. Obviamente, ninguno de los juicios es correcto. Solo son imágenes mentales elaboradas desde un punto de vista, el que está en nuestra mente, nuestro programa.

Comparamos el carro del amigo con el nuestro. Si el nuestro es más moderno o de mejor marca, nos sentimos orgullosos; de lo contrario, sentimos envidia y nos queda una sensación de que algo no hicimos bien. Llegamos, incluso, a sentirnos culpables y fracasados. Solemos comparar porque así lo aprendimos desde el hogar, primero con nuestros padres y luego en el colegio con los profesores.

Comparar bienes materiales tiene un efecto negativo, pero es mil veces más perjudicial hacerlo entre nosotros, compararnos con los demás o comparar a nuestros hijos con sus amigos o sus hermanos. Eso solo nos llevará a situaciones estresantes y afectará la autoestima de quienes más queremos.

Desgraciadamente, lo hacemos con frecuencia, más aún aquellos que, como yo, vivimos esa experiencia desde muy pequeños. Lo hacemos inconscientemente. Sembramos improntas en el cerebro de nuestros hijos que los marcarán el resto de sus vidas. Cuantas veces, tratando de llamar la atención de nuestros pequeños, usamos frases como estas:

1. **«Deberías ser como tu hermano»**
   En una familia de varios hijos siempre hay uno que destaca y que los padres usamos como modelo para los demás, lo ponemos de ejemplo cada vez que alguno no cumple con nuestras expectativas. Esto no solo generará rivalidad entre hermanos, sino que afectará la autoestima de los demás, pues el niño sentirá que no es aceptado tal como es y percibirá como bueno un modelo que nunca podrá alcanzar.

2. **«Cuando yo tenía tu edad era el mejor de la clase»**
   ¿Por qué pretender que nuestros hijos sean como nosotros? ¿En que nos basamos para concluir que tienen que seguir nuestro ejemplo y que poseen las mismas cualidades? Debemos, por el contrario, darles la libertad de descubrir sus cualidades y desarrollar sus talentos, sin presionarlos a toda

hora. Acompañarlos, estar presentes y aceptarlos como son es lo mejor que podemos hacer por ellos.

3. «Deberías peinarte como la hija de la vecina, así se ve muy bonita»

Muchos padres no comprenden qué causa la baja autoestima de sus hijos, suponen que siempre han sido tratados bien y que se les ha alentado lo suficiente. Sin embargo, cuántas veces hemos expresado frases como la anterior, tan bien intencionadas, pero cargadas de un mensaje subjetivo muy perjudicial: «Ella es muy bonita, tú no. Hubiera querido tener una hija como ella». Pongámonos en los zapatos de la pequeña, ¿cómo te sentirías si tu esposo te recomienda vestirte como la vecina? Y el esposo, ¿estará contento de que le exijan ser tan caballero como su jefe?

De alguna manera proyectamos nuestras expectativas sobre cómo queremos que sean nuestros hijos. Para ello, necesariamente, hacemos comparaciones y juicios, pues los comparamos con sujetos de nuestro entorno y procuramos que destaquen por encima de sus compañeros, amigos o primos. Es verdad que todos deseamos que nuestros hijos sean los mejores, pero ¿mejores que quién? ¿Quién puede decir, sin equivocarse, que un individuo es mejor o peor que otro? Y si nuestros hijos no consiguen cubrir nuestras expectativas, ¿cómo se sentirán ellos?

Es posible que tengamos el cuidado de no expresar nuestras emociones de desagrado delante de ellos para no presionarlos. Y

SANANDO LAS HERIDAS DE MI NIÑO INTERIOR

asumimos que no se darán cuenta o que no les va a afectar, pero está demostrado que nuestra mirada apreciativa, es decir, nuestros gestos y posturas, dice más que las palabras. Podemos usar la boca para decir «buen partido, hijo»; pero, a la vez, mostrar un gesto de desagrado por el gol fallado, que podría ser interpretado por él como una gran decepción.

Esta es la realidad: los padres nos mostramos constantemente ansiosos ante situaciones en las que nuestros hijos compiten, como durante un juego deportivo o un concurso. También durante el periodo escolar o cuando reciben una baja calificación o si se están *demorando mucho* en aprender a escribir. De algún modo, nuestra preocupación frente a esos eventos se reflejará como molestia o inconformidad en nuestro lenguaje corporal y ellos, lastimosamente, lo captarán así.

Cuando nació mi tercer hijo, Juan Manuel, nos visitaron varios familiares trayendo consigo regalos y buenas vibras para nuestra familia. Los motivaba la curiosidad de ver al nuevo miembro del clan. Rosa, una de mis tías, se acercó y lo miró con dulzura, pero también con cierta aflicción nos dijo:

—Está un poco oscurito, pero no se preocupen, con el tiempo se aclarará —trató de darnos esperanzas ante nuestras caras de asombro.

Otra de mis tías, Aurora, siempre repetía:

—A los blancos, todo les queda bien; en cambio ustedes deberían ser más cuidadosos para seleccionar su vestimenta y no hacer el ridículo.

JOSÉ DÍAZ

Escuché ese tipo de comentarios tantas veces que mi mente creyó en ellos. Esto ocasionó que en determinadas oportunidades me sintiese inferior a las personas de piel clara, como si ellos fueran de la realeza y yo un simple plebeyo. Esta afirmación racista, junto con otras comparaciones, en las cuales quedaba en desventaja, afectaron aún más mi autoestima. A todo ello se sumaba también mi hermana Magaly, que solía cholearme cada vez que podía, usaba frases despectivas y burlonas. Aunque debo reconocer que algunas de ellas las hacía con tanta creatividad que hasta nos daban risa:

—El superhéroe favorito de Manuel: Súper cholo.

—Su línea aérea preferida: Aero Cóndor.

—Su color favorito: el marrón.

—Su medio de comunicación: el chasqui.

—Su mascota favorita: el cuy.

—Su cantante preferido: el Indio Mayta.

—Su fecha más significativa: el 24 de junio, el Día del Indio.

La tía Aurora, hermana de mi mamá, era una mujer muy recta y dura. Le había tocado vivir y trabajar muchos años en casa de unos alemanes y eso la había marcado. Convivió con nosotros aproximadamente cinco años. Nos preparaba el almuerzo y apoyaba económicamente en el hogar. Por esos años, todos mis hermanos se iban de casa temprano, ya sea a estudiar o a trabajar, mientras yo, que iba a la escuela por la tarde, me quedaba con ella toda la mañana.

72

Era un calvario. Me levantaba a las seis de la mañana para hacer la limpieza de toda la casa, lo que incluía barrer, trapear y limpiar los muebles. Era mi rutina de todos los días. Además, debía ir a ayudar a mi madre en el mercado. Fueron años de lucha por mis derechos de niño, que no pude ganar. Algunas veces le salía su lado bueno y me invitaba algo delicioso, o traía alguna ropa o juguete que los hijos de sus expatrones ya no usaban, o cuando trajo una patineta que cogí y nunca solté hasta que se rompió muchos años después. Sin embargo, creo que se aprovechaba de eso. Le gustaba hablar bien de los extranjeros y siempre decía que nosotros éramos sucios y maleducados. Tuve la impresión de que disfrutaba humillándonos con sus absurdas comparaciones.

Más allá de sus maltratos físicos y psicológicos, lo que más recuerdo, aunque ya sin amargura, es cuando me pidió acompañarla a recibir un material de construcción que un familiar le había encargado. Fuimos a la casa de otra de mis tías que estaba quedando lista para el techado. Había tres albañiles preparando el techo para el encofrado del día siguiente. De pronto llegó el camión de materiales y descargaron en la pista, frente a la casa, cuarenta bolsas de cemento de 45 kg cada una.

—Manuel, voy yendo a casa. Mete todo el cemento y luego me alcanzas —me dijo.

En un comienzo me pareció difícil la tarea, luego pensé que podría valer la pena y me convencí de que me daría una buena propina por el trabajito. Tenía quince años y no me dio ni un sol ni las gracias.

Las primeras bolsas las metí sin mayor problema, pero luego cada bolsa que levantaba hacía sufrir mi espalda y cansaba mis brazos. A partir de la bolsa número veinticinco ya no solo sentía dolor, sino un profundo desgaste en mis miembros, que daba la impresión de que se rompían. Las últimas cinco eran imposibles. Trataba de cargarlas, pero no podía y me sentía humillado, tratado como una bestia de carga sin ninguna consideración. En ese momento pensaba: «Esto no se lo haría a Beto», el otro sobrino, el blanquito de la familia.

No sentía mis manos y a pesar de todo mi esfuerzo, no podía. Intenté empujar con los pies y nada. Ya estaba a punto de llorar, pero un albañil, que había visto la escena, se acercó a ayudarme. Regresé a mi casa cuando ya había oscurecido, con el cuerpo molido y el espíritu destrozado.

Durante las comidas era frecuente escuchar noticias sobre mis primos Beto y Ricardo. Era notoria la emoción con la que mi mamá y mis tíos narraban algunas de sus buenas acciones y sobre los diplomas que traían a casa. Nos quedaba claro el orgullo que sentían de tener unos sobrinos «tan inteligentes». En cambio, solían ser muy diferentes cuando hablaban de mí, lo hacían de forma casi despectiva, destacando mis falencias. Era sucio, desordenado, torpe, ocioso y mal estudiante. Ahora comprendo que el problema estaba en ellos, pues esa forma de pensar mostraba en realidad «complejos» que estaban fuertemente arraigados en sus subconscientes.

Ahora, pensándolo bien, en el caso de mi tía Aurora la formación que le inculcó su padre, Javier, también repercutió mucho en ella. Él, a su vez, tuvo una historia de vida que lo formó tal como era. De niño al tío le gustaba estudiar, quería ser profesional, pero tenía un inconveniente: vivía a dos horas del colegio más cercano. Todos los días se levantaba muy temprano, primero para llevar a las ovejas al monte y luego para salir velozmente al colegio. Obviamente, después de correr por caminos polvorientos bajo el sol de la mañana, llegaba sudado y sucio, por lo que era castigado severamente con dos fuertes reglazos por el profesor Romeo.

Después del colegio volvía a casa con leña en brazos y después de mal comer regresaba a la chacra para recoger a los animales. Al regresar a casa, encontraba todo oscuro. No tenían electricidad. El pequeño buscaba algún poste de alumbrado de la plaza y bajo su luz se ponía a hacer las tareas. Javier aprendió desde niño a ser rígido e intolerante. Mi tía también aprendió de él.

«Tú no tienes comparación» porque cada individuo es único y diferente. Tu carga genética, la sumatoria de tus experiencias y tu energía particular, hacen de ti y de cada uno de nosotros «una criatura única». No podemos comparar un pájaro con un pez por sus habilidades, no sería justo. Si lo hacemos en función de la capacidad de volar, claramente ganaría el ave; pero si juzgamos por la capacidad de permanecer más tiempo dentro del agua, sería el pez quien se llevaría los aplausos.

Tampoco somos los llamados a juzgar y comparar a los demás, encasillándolos por una característica o un defecto, por el color de su piel, por su vestimenta o por cuánto gana al mes. La tolerancia con los demás nos permite vivir mucho mejor junto a quienes nos rodean. La tolerancia con nosotros mismos nos permite reducir el estrés y la ansiedad de estar buscando ser mejor que el otro y nos permite ocuparnos de vivir plenamente.

Aceptar que todos los días mi cerebro realiza múltiples comparaciones y que eso me afecta a mí y a los que me rodean, me permite ejercer mayor control sobre mis acciones y expresiones. Sin embargo, no es suficiente, todavía reniego con mi esposa cuando espero que ejecute algo como **yo** lo podría hacer; o con mis hijos, que se comportan muy distinto a como **yo** lo hacía cuando tenía su edad.

Dejar de hacer comparaciones es para mí, y tal vez para muchos, uno de los retos más difíciles de conseguir. El *coaching* y la PNL me han ayudado bastante, pero creo que todavía queda mucho que trabajar. También tengo claro que el camino es largo y hay que ser perseverante, mientras tanto, volveré la mirada a mi niño interior y le diré todos los días, con todo mi amor: TÚ NO TIENES COMPARACIÓN.

Aceptar que todos los días mi cerebro realiza múltiples comparaciones y que eso me afecta a mí y a los que me rodean, me permite ejercer mayor control sobre mis acciones y expresiones.

6.
TU MEJOR COMPAÑÍA
ERES TÚ

Recuerda, el momento en que te sientes solo es el tiempo que más
necesitas para estar solo. Es la ironía más cruel de la vida.

Douglas Coupland

En el núcleo más recóndito de toda soledad hay un profundo y
poderoso anhelo de la unión con el yo perdido.

Brendan Behan

Ana

Paseaba por una calle solitaria mientras miraba alrededor. Todo estaba oscuro y del cielo caían pequeñas gotas de agua que pronto se mezclarían con mis lágrimas. Unas débiles farolas iluminaban el entorno mientras en mi interior el paso del tiempo me provocaba un gran dolor. Lo único que buscaba era estar sola en ese laberinto sin salida. Hace mucho había dejado de pedirle ayuda a Dios y solo hablaba con mi conciencia, que me pedía más soledad, más aislamiento, que escuchara las voces que había dentro, aquellas que me alejaban de la gente, esas que me gritaban que jamás podría confiar en nadie: «¡Perdedora, común, solo desaparece!».

Seguía el sombrío sendero de tierra que me conducía hasta la carretera casi vacía donde alguna vez, en el auto de mi padre y con mi familia, disfruté momentos de alegría. La primera lágrima no tardó en aparecer, mientras que las demás caían silenciosamente recordando aquellos momentos que ahora me parecían muy lejanos y falsos. En ese instante, en mi mente solo había melancolía, sufrimiento; y en lo más profundo y recóndito de mi ser, odio a mí misma. El paradero todavía estaba lejos de donde me encontraba, así que aproveché lo único que tenía: tiempo, que utilicé para recordar pequeños pero importantes fragmentos de mi vida.

Mi nombre es Ana. Nombre común, muchos dirán. A lo mejor mis padres no lo pensaron mucho para ponérmelo, ni tampoco se molestaron en planificar dónde habría de pasar el resto de mi vida. Cosas así pensé durante mucho tiempo, pero no quiero aburrirlos mucho contándoles mis desvaríos, así que iré directo al grano.

Mi infancia estuvo marcada por tres simples palabras: trabajo, dulces y Demi. Me explico. Mis padres siempre tuvieron problemas económicos y estaban algo endeudados con mis tíos y otros parientes. Se supone que la familia tiene que ayudarse entre sí en los momentos más difíciles, pero la mía fue la excepción. Debido a los problemas financieros, mis padres pasaban el mayor tiempo del día trabajando y, a falta de dinero para una nana, la persona que cuidaba de mí era una vecina que, según recuerdo, cocinaba horrible. La parte de los dulces era una compensación por toda esa ausencia, pero para mí nunca fue suficiente. La última palabra: Demi, es el nombre de mi perrita, que siempre estuvo conmigo arrancándome sonrisas y alegrías. Sonará absurdo, pero para mí el que ella siga a mi lado todos estos años significa muchísimo. Recuerdo durante la primaria no haber tenido ninguna amiga o amigo. A excepción de Demi, me resultaba muy trabajoso congeniar con los demás; sin embargo, me esforcé por conseguir amistades. Las primeras veces no me fue muy bien, pues siempre tuve gustos muy distintos a los demás, no tan «femeninos» se podría decir. Por ello y por ser de baja estatura, lo que se notaba en cómo iba vestida o en lo que comía, no conseguía que se me acercaran o me invitaran a jugar. Me rendí empezando la secundaria y fue allí cuando mi parte alegre y positiva empezó a extinguirse. Desde entonces lo dejé de intentar y, simplemente, me encerraba en mi mundo. Estar sola me gustaba, pero luego, al ver a los demás en grupos me invadía un fuerte sentimiento de soledad y envidia. El sentimiento no se iba incluso estando en casa. Envidiando a aquellos que sí tenían un padre y una madre presentes, acompañándolos la mayor parte del día, almorzando juntos, viendo una película. Entonces empecé a preguntarme si estaba haciendo algo mal para merecer eso, pero no encontraba nada, y terminé aceptando la vida que me había tocado vivir y dejé de intentar cambiar algo en ella.

Nacieron mis hermanos y fue ahí cuando me di cuenta de lo que estaba mal: yo. Ellos desde el principio tuvieron lo que yo no tuve. Fácilmente recibieron tiempo de mis padres y les compraron mejores cosas que a mí. Supuse que las cosas eran así por una buena razón, pero unas voces me gritaban que yo era el error, que yo era la única responsable de mi desgracia y nadie nunca se atrevería a mirar mi realidad desde mis ojos. Sin nadie que me dijera lo contrario, las voces empezaron a tener la razón.

Un pequeño faro que iluminó mi oscura realidad fue mi amiga Rocío, pero duró muy poco. Desgraciadamente, yo ya no era la chica que suplicaba por ser parte de un grupo, así que no interactué tanto con ella y sus amigas y, poco a poco, nos fuimos distanciando, hasta que volví a quedarme completamente sola.

Lo que les cuento es cierto. La depresión me llevó a vivir situaciones muy duras. Y sé que como yo cientos de jóvenes han sufrido o están pasando por lo mismo y no tiene nada de falso; pues en este mundo cruel y a la vez hermoso nadie se salva de la depresión. Este sentimiento de soledad puede crecer como una fuerte maleza dentro de ti hasta corromperte y sentirte un frasco vacío y a la vez lleno de necesidad de amor. Hoy me siento feliz de haber empezado a arrancar esa maleza de mi jardín espiritual y, como yo, también deseo con todo mi corazón que a los que les resuena mi experiencia tengan esta misma sensación de paz.

***

A pesar de sus efectos negativos, la soledad no puede considerarse anormal. Todos nos hemos sentido solos en algún momento de la vida. Son muchas las experiencias que nos llevan a ese sentimiento: la ruptura con un amigo o pareja, un barrio nuevo, no ser invitados a algún encuentro social, o cuando nuestros padres están ausentes. La soledad en estas situaciones suele ser pasajera; pero hay quienes viven en una sensación de constante soledad, lo cual es muy diferente y perjudicial.

Es común en los colegios observar situaciones de marginación, entre los propios compañeros o incluso de parte de los mismos profesores, motivadas por los prejuicios de unos u otros. Esta situación puede desarrollar conductas delictivas y otras formas de comportamiento antisocial en las personas víctimas de esa exclusión. Los niños solitarios lo son porque muchas veces se sienten excluidos y menospreciados, sentimiento que puede ser muy perjudicial para su autoestima. Esto trae como consecuencia que un niño solitario pierda muchas oportunidades de interactuar con nuevos compañeros y que se refuerce aún más esa condición, y que junto con ella, no desarrolle habilidades de convivencia grupal que le servirán para enfrentar mejor los retos de la vida.

Las experiencias vividas en la infancia no quedan ahí. La tristeza por no sentir la presencia de papá y mamá o el sentirse rechazado en un juego por un grupo de amigos, así como otras situaciones de rechazo o exclusión, pueden producir soledad en la adultez.

«Los niños solitarios lo son porque muchas veces se sienten excluidos y menospreciados, un sentimiento que puede ser muy perjudicial para su autoestima».

Durante la primaria admiré, con algo de envidia, a los policías escolares. Serlo era un honor que solo se entregaba a los mejores estudiantes. Acabé esa etapa siendo un alumno promedio. Al ingresar a secundaria tuve la impresión de que muchas cosas iban a cambiar. Y así, durante los primeros días de clase, luego de hacer una evaluación visual, la tutora de turno decidió darme a mí la responsabilidad de ser el policía escolar del salón, fue una tremenda sorpresa. Al día siguiente debía ir con mis padres a la ceremonia de juramentación. Recuerdo que no logré comprar todos los implementos propios del cargo y solo me alcanzó para un cordón rojo y una insignia. Ese día, mi papá se fue a trabajar como de costumbre y mi mamá se veía tan ocupada en sus quehaceres que no insistí y me fui solo al colegio. En el momento central de la ceremonia, nos llamaron delante de la formación y siguiendo el protocolo invitaron a los padres de familia al lado de sus hijos para galardonarlos. Todavía recuerdo las caras de emoción de mis compañeros y sus progenitores, y la sensación de ser el único que estaba solo y cómo, haciendo un esfuerzo para no llorar, luego de retirar de una bolsita mi cordón rojo tuve que colocármelo yo mismo. Es increíble cómo se percibe la soledad en medio de tanta gente.

Varios factores contribuyen al sentimiento de soledad en los niños, y muchas veces los padres los pasamos por alto, tanto dentro del hogar como en el colegio o en la interrelación con los amigos. Entre ellos están los siguientes:

1. **Padres ausentes**

    Muchas veces, por motivos de trabajo o estudio, tenemos ocupada nuestra mente en cualquier cosa menos en nuestros hijos. Podemos estar presentes físicamente, pero nuestra atención está volando en otra parte, fingimos escuchar mientras estamos viendo el Facebook y cenamos atendiendo las noticias de la televisión y asumimos, equivocadamente, que ellos no se dan cuenta. Estar presente es una entrega total, donde utilizo todos mis sentidos para sentir la emoción que el otro está sintiendo y para poder compartir mis emociones.

2. **Conflictos entre los miembros del hogar**

Los constantes enfrentamientos entre los padres con frases subidas de tono, gritos o violencia física, en medio de inocentes criaturas, solo pueden ocasionar en ellas, por el miedo y el sentimiento de culpa, el autoaislamiento, alejarse del ruido inquisidor y de quienes lo producen.

3. **Trasladarse a una nueva escuela o barrio**

Hacer nuevos amigos toma algún tiempo. Salir de un ambiente conocido a otro diferente conllevará que emerjan diversos miedos, los cuales limitarán el normal desenvolvimiento de un menor, llevándolo, incluso, a encerrarse en sí mismo como mecanismo de protección o defensa.

4. **Perder un amigo**

Una de mis hijas cultivó una amistad de muchos años con Rocío, su mejor amiga hasta los doce años. Cuando se alejaron, por motivos de espacio y de gustos, mi hija se quedó muy sola. Se había entregado tanto a esa relación que no invirtió tiempo en hacer otras, razón por la cual pasó muchos meses creyendo que no encajaba en ninguna parte, que era mejor pasar desapercibida. Esto la llevó a una depresión que, afortunadamente, duró poco.

5. **Perder un objeto, posesión o mascota**

   No debemos subestimar el valor que le dan los niños a un juguete o a una mascota, más aún si son hijos únicos, pues estas criaturas pueden significar su mejor compañía durante todo el día, ya se trate de un peluche, un perrito o inclusive un pollito, como le ocurrió a María Elena. Ella tenía un gallo que canjeó por unas botellas cuando todavía era un pollito, se llamaba Magallanes y lo bañaba y cuidaba como a cualquier mascota. Cada vez que llegaba del colegio, Magallanes salía corriendo a recibirla aleteando sus blancas alas. Una mañana, mientras Flor, su mamá, realizaba presurosa el almuerzo, tropezó sin querer con Magallanes, cayó bruscamente al suelo y se dio un fuerte golpe en la cabeza. Cuando reaccionó, se dio cuenta de que Magallanes le daba picotazos para despertarla, pero fue tanta su cólera que lo agarró del pescuezo y lo tiró contra la pared. El gallito no lo soportó y murió al instante. Cuando regresó María Elena ya no hubo quien emocionado la recibiera. Más tarde se enteró, durante el almuerzo, de que Magallanes estaba en la sopa. Después de muchos años puede sonar graciosa esta historia, pero en su momento, para la niña María Elena de ocho años fue devastador. No volvió a comer pollo por mucho tiempo y lo que es peor: se distanció de su madre.

6. **Padres con trabajos muy absorbentes**

   No es suficiente ser amoroso y cariñoso, el niño necesita que estemos para él, presentes en cuerpo y alma. Hace poco Joel, un amigo, me contó, que había descubierto que tenía un conflicto de abandono que influenciaba todas sus decisiones.

Cuando tenía cuatro años, sus padres se fueron a Japón y el lado emocional del pequeño Joel se hizo pedazos. Y por más que ellos regresaron pronto, la relación con su madre jamás volvió a ser la misma.

7. **El divorcio de los padres**

Cada vez es más frecuente que los niños sean expuestos a discusiones con frases ofensivas y denigrantes por parte de sus padres. Incapaces de darse cuenta de que sus hijos están en medio de la discusión, que los miran con impotencia y que se sienten, muchas veces, culpables de lo que sucede, los conducen a esconderse del mundo ya sea por miedo o vergüenza. No estoy en contra del divorcio cuando este se realiza civilizadamente y en buenos términos, cuando gracias a él todos salgan beneficiados y permita el desarrollo normal de cada miembro de la familia, sin culpas ni resentimientos. En cambio, un divorcio mal llevado desvaloriza a los infantes, les crea una sensación de inseguridad y rechazo, y los empuja hacia la depresión y la ausencia de ganas de vivir.

Es importante tomar conciencia respecto a si los eventos que experimentamos se han repetido entre los miembros de nuestro árbol genealógico. Suele ocurrir que los sucesos que nuestros ancestros no lograron trascender quedarán como una tarea pendiente para la siguiente generación. Hace poco conversaba con un cliente, que llorando se lamentaba porque estaba poniendo fin a su matrimonio de apenas cuatro años. Me juraba que había hecho todo lo posible para salvarlo, sobre todo porque adoraba a su pequeña hija de tres años. Luego de una regresión pudo identificar cómo lo había marcado el día que su padre se iba de casa y él se quedó al lado de su mamá —que sufría una crisis nerviosa y lloraba desconsoladamente— para consolarla. Ese día él se prometió que formaría una familia que duraría para siempre y que no permitiría que sus hijos vivieran la misma experiencia. Lamentablemente, no curó a tiempo sus heridas ni sus padres tampoco, así que le dejaron a él ese encargo pendiente. Ahora tiene la tarea de sanar y trascender la experiencia que le está tocando vivir, separarse con respeto y civilizadamente para que esta situación de dolor no se repita en sus hijos si llegara a ocurrir.

8. La muerte de una persona significativa

La pérdida de un ser querido trae mucho dolor y sufrimiento a cualquier edad. Sin embargo, cuanto más joven sea el individuo que sufre la experiencia, esta puede desencadenar diversas emociones, una de ellas es la soledad que emerge ante el alejamiento intempestivo del papá, la mamá o, tal vez, un hermano. No tener la compañía ni la protección de la persona amada los introduce en una burbuja acorazada que los protege de su entorno.

Generar independencia en nuestros hijos, así como más confianza en sí mismos, mediante tareas y responsabilidades, estimulará su autoestima y los hará más seguros. Esto les permitirá enfrentar de mejor manera los eventos traumáticos de los que no están libres, pero que por nuestra vibración y nuestra historia familiar somos capaces de atraer a nuestras vidas.

9. **Poseer características personales limitantes**

Todos los seres humanos tenemos características que nos hacen similares y otras que nos hacen diferentes, por lo tanto, somos únicos. Sin embargo, algunos, desde muy pequeños, cargan consigo ciertas dificultades como la timidez, la ansiedad o la baja autoestima, que les dificulta hacer amigos.

Estos niños, que se sientan en un rincón a la hora del recreo o que, simplemente, no salen del salón, se sienten más seguros en su soledad que compartiendo con otros niños, aunque, en el fondo, anhelan jugar con los demás. Esta situación, pero con agravantes, la sufren aquellos niños con habilidades especiales, con problemas de conducta o que poseen ciertos trastornos que les dificultan el aprendizaje y los ponen en desventaja con los demás compañeros.

En una oportunidad me invitaron a una clase abierta para padres en el salón de mi hija. Era una clase de Matemática y yo tenía claro que, por su condición, a Camila le era más difícil comprender los problemas. Observaba cómo la profesora, que era muy joven, intentaba conducir su clase para que todos atendieran, hacía su mejor esfuerzo, pero con poco éxito. De pronto dejó un ejercicio para resolverlo en grupo, entonces noté que mi pequeña se sumergía en su cuaderno tratando de resolverlo, mientras me miraba de reojo y sus compañeros se preocupaban más por jugar que por resolver ese pendiente.

—Camila, sal a la pizarra a resolver el problema —le dijo la *miss*.

—Todavía —balbuceó Camila.

—Vamos, Camila, yo te ayudo —insistió la maestra.

—Es que no entiendo —explicó mi hija, con sus ojitos inyectados y a punto de llorar.

—Mira que tu papá te está mirando —volvió a insistir torpemente.

No soporte más y me tuve que acercar, abrazarla y hacerle sentir mi amor. Quería que sintiera que en ese instante había alguien que la comprendía.

En la noche me detuve a pensar, ¿cuántas veces habrán ocurrido situaciones parecidas esa?, ¿cómo se habrá sentido al no tener a nadie que la apoyara?, ¿estoy haciendo bien al enviarla a ese colegio?, ¿cuántas veces habrá actuado así esa profesora? Fue una noche de muchos cuestionamientos, pero me sirvió para tomar decisiones que están permitiendo el mejor desarrollo de Camila.

El solitario ofrece su mano demasiado rápido a quien encuentra.

Friedrich Nietzsche

Los niños agresivos son los que experimentan mayores situaciones de soledad e insatisfacción social. Los niños son rechazados por muchos motivos y es nuestro deber evaluar las circunstancias que llevan a ese rechazo. Una vez identificada la causa del problema, nos permitirá plantear estrategias de solución y estar más atentos a las señales de alerta.

El adulto que de muy niño atravesó por situaciones amargas de soledad, andará por la vida buscando algo o a alguien que cubra ese vacío que dejaron estas experiencias, añorando encontrar la pareja que le dé compañía y lo haga feliz. También es probable que salgan a la luz algunos temores, como el miedo de viajar solos o de ir al cine sin un compañero. Como en otras situaciones, pretendemos encontrar las soluciones fuera de nosotros y no dentro. Sin darnos cuenta de que la mejor compañía podemos ser nosotros mismos.

Pero cuidado, la buena compañía es agradable, pero nadie se siente cómodo con alguien que todo el tiempo se está quejando o haciendo juicios. Equilibrar nuestro interior y ser menos severo con él permitirá un mayor autoconocimiento y aceptación. Consecuentemente, nos será más agradable estar presentes en el aquí y en el ahora con la mejor compañía: nosotros mismos.

Aprender a disfrutar de nuestra propia compañía implica, primero, identificar y reconocer quiénes somos realmente, sin máscaras ni corazas, sin influencias del exterior y sin las distracciones que nos rodean. Debemos buscar en el silencio, apartados un instante de las actividades rutinarias, nuestra voz interior y escucharla con atención, sin juzgarla. Para así lograr sentir nuestra esencia, alimentarla con nuestro amor y ser capaces de disfrutar ese momento mágico con nuestro genuino yo.

Equilibrar nuestro interior y ser menos severo con él permitirá un mayor autoconocimiento y aceptación. Consecuentemente, nos será más agradable estar presentes en el aquí y en el ahora con la mejor compañía: nosotros mismos.

No volveré a buscar en los demás el afecto que me faltó en la infancia. Mi felicidad no dependerá de la capacidad para amar de los demás. No viviré la vida de otros ni viviré por otros, tengo que vivir mi propia vida y, a partir de ahí, disfrutar de la compañía de los demás. Seré el responsable de mis decisiones, sin culparme de las consecuencias. No volveré a sentirme solo porque me tengo a mí. Mi pareja e incluso mis hijos son lo mejor que me ha pasado; sin embargo, su ausencia no determinará mi infelicidad. Me preocuparé por darles lo mejor de mí sin frustrarme en el camino, sin presionarme ni sentirme culpable por mis errores. Mi fortaleza vendrá desde dentro, desde mi esencia y desde mi amor incondicional.

Conectar con nuestra esencia nos permite una verdadera paz, porque ella es pura y hermosa, no juzga ni presiona, solo es amor que ilumina, que te equilibra y permite, cuando la dejas brotar, que emerja la mejor versión de ti mismo, la más bella y poderosa. Realmente, entonces, cuando estemos solos, en el silencio y alejados de la presión del mundo exterior, es cuando mejor acompañados podremos estar, porque nuestro yo original estará siempre ahí para decirnos y hacernos sentir que «Tú eres tu mejor compañía».

Si te sientes en soledad cuando estás solo, estás en mala compañía.
Jean Paul Sartre

7.
LA DECISIÓN DE SER FELIZ

Cuando ya no podemos cambiar una situación,
tenemos el desafío de cambiarnos a nosotros mismos.

Viktor Frankl

Yoly

Hace muchos años yo era muy diferente a la que soy ahora. Era una niña que amaba dibujar. Una soñadora que se distraía en clase y a la que llamaban la atención por andar pensando en animales, paisajes y princesas en vez de concentrarse en lo que explicaba la profesora. Tenía una cabecita llena de rulos, era gordita, feliz, inocente y llena de sueños.

En casa mis papás se estaban separando, mis notas empezaron a bajar y yo a decaerme. Entonces decidieron cambiarme de colegio para tener una preparación más avanzada y exigente, y a pesar de que les rogué que no lo hicieran, que no quería separarme de mis amigas de la infancia, lo hicieron.

El nuevo gran colegio estaba situado en el Rímac, justo frente al Parque del Avión, y era dirigido por madres agustinianas. Unas monjas que se movían juntas en sus camionetas del año y que te miraban de tal modo que sentías vergüenza de tu existencia. El colegio era enorme. Tenía varios patios, dos piscinas, cafetería, biblioteca, sala de video, dos auditorios, sala de música, escaleras por todos lados, cuatro pisos en cada pabellón y hasta su propia capilla. Todo era muy ostentoso, muy diferente a mi anterior colegio. En la mañana y en la tarde, carros nuevos y camionetas enormes se estacionaban fuera, trayendo y llevando a los jóvenes de familias pudientes.

Mi primera sensación fue de extrañeza, de que no era mi lugar. No sentía la unidad que sentía antes, quería escapar y llorar. Entré a mi nuevo salón con mi uniforme nuevo en talla grande y fui invisible, escuchaba a las mamás hablar entre ellas sobre fulanita que estaba más flaca, o de zutanita que se había ido a Francia. Definitivamente esta escuela era muy diferente a la anterior, donde jugábamos a las chapadas y «San Miguel» entre salones.

Una vez en el aula noté cómo el gran salón, de unos treinta alumnos, se dividía. Estaban las chicas populares, muy bonitas, delgadas, que te miraban con desprecio. Los chicos populares que andaban acompañados o acompañaban a las antes mencionadas. Los chancones tenían su propio grupo. Y los invisibles y raros que no encajaban en ningún lugar, obviamente ahí estaba yo.

El año, en general, fue una mierda. Me sentía sola y en mi casa las cosas no andaban bien. Lloraba todo el tiempo y tenía malas notas, así que me empezaron a llamar al Departamento de Psicología del colegio. Me desahogué y le conté todo lo que me pasaba a la doctora, quien solo atinaba a decirme que me concentrara en mis calificaciones. Ella nunca llamó a mis padres para contarles que yo lloraba en el colegio, que era retraída o que me aislaba de todos. Nunca me ayudó.

Poco a poco el grupo de chicas tóxicas, a quienes yo admiraba porque eran todo lo que yo no podía ser, me empezaron a prestar atención. Se acercaban a mí durante el recreo mientras comía y me preguntaban «¿cuánto pesas?». Yo ni idea, pues nunca me había pesado en mi vida. «Si yo fuera tú, no comería nada», soltaban una risa y se iban. Entonces, me levantaba en silencio, buscaba un tacho de basura y tiraba mi comida.

En clase de natación cuando no encontraba más excusas para no ponerme la ropa de baño, se burlaban de mí a más no poder: «Mira su panza», «Tienes rollos», «Pareces una pelota», «No tienes cintura», «Tienes celulitis», «¡Qué asco!», y a llorar al baño. Se lo contaba a la psicóloga, pero nada. Se acercaban a mí y me decían, sin motivo alguno: «Sabes, hicimos una comparación entre todas las chicas del salón y tú eres la más gorda de todas». A llorar al baño. De pronto ya no comía en el patio porque tenía miedo de que se burlaran de mí. Me escondía en el baño, me sentaba sobre la tapa del wáter y comía el sánguche que me enviaba mi mamá porque me daba pena tirarlo a la basura.

Nadie se daba cuenta de que pasaba una hora entera encerrada en el baño hasta que sonaba el timbre de clases. Una vez, escondida, escuché que un par de señoritas trataban de vomitar y una de ellas decía: «No puedo, solo me sale saliva». Otra vez, que me descubrieron, salí corriendo del baño, pero llegué a escuchar: «No te metas ahí. Seguro la gorda tiene una infección. ¡Qué asco!». Y me fui a llorar al patio, a sentirme asquerosa, gorda asquerosa. Entonces, empecé a fingir sentirme mal para no tener que entrar ya siquiera al salón de clases.

Me quedaba horas en la enfermería y otras en el baño de la piscina. Eran buenos escondites. Ahí pasaba mis días lo más que podía, escondida. Cuando ellas empezaron a tener enamorados me molestaban diciéndome: «Tú nunca vas a tener enamorado. Los chicos van a tener asco de tocarte», «Deberías vomitar todo lo que tragas, a ver si al menos así bajas de peso», «Ponte una faja en las piernas, que tus rodillas se ven llenas de grasa», o señalando mi estómago decían: «¿Qué es eso? ¡Qué asco!», «Así vomites cada cosa que comas, nunca serás flaca, siempre vas a ser la más gorda».

Una mañana, la profesora de natación llegó con la novedad de pesarnos a todos. Fue una tortura. Nunca logré entender por qué lo hizo. Las chicas desfilaban orgullosas de sus 50 kilos y decían: «Ay, estoy gorda. Tengo que bajar de peso». Mientras yo rogaba que la profesora se olvidara de mí o que todos se fueran a otro lado, pero fue inútil. Cuando llegó mi turno se empezaron a pasar la voz entre risas diciendo: «Oye, ¿vamos a ver cuánto pesa Yolanda?». Me pesé, «68 kilos», dijo la profesora fuerte como para que todos escucharan. Todos me miraron con asco, espanto y burla. Hicieron gestos de vómito. Yo solo atiné a correr al baño y me tiré al piso a llorar en silencio, pero llena de desesperación.

El baño, mi viejo amigo, me veía llorar una vez más. La coordinadora, que deambulaba por allí, que me encontró con los ojos hinchados y con el alma de muerta, me mandó con la psicóloga a conversar con ella. Le conté todo y nada. «Sigue estudiando. Todo va a estar bien». Nadie hizo nada. Nadie les avisó a mis papás. Tenía trece años y todavía jugaba con Barbies cuando todo ello pasó.

Un día ocurrió algo raro. Después de la formación, al pasar a mi salón, me di cuenta de que un tipo me buscaba la mirada. Cuando lo vi, me sonrió y me guiñó el ojo. Volteé asustada y me fui. Al día siguiente pasó lo mismo y al siguiente y al siguiente. Cada día después de formación estaba ahí mirándome, sonriéndome y guiñándome el ojo, sin falta. Se volvió una rutina que me hacía feliz pese al tortuoso panorama que me rodeaba.

Jamás en mi vida había tenido contacto con un hombre, mucho menos con alguien tan mayor como él. Parecía de unos ventitantos o quizá treinta, pero no más. No podía creer que aquel tipo me mirara y me sonriera como si fuera bonita, como si fuera deseable. Lo habían contratado como personal de mantenimiento y andaba por todo el colegio arreglando los desperfectos. Con el pasar de los días yo también le buscaba la mirada y le sonreía. Incluso empecé a practicar cómo guiñar un ojo porque no sabía hacerlo. No cruzamos palabra durante ese tiempo. Los fines de semana la pasaba triste esperando el lunes para volver a verlo, para volver a sentirme feliz, querida.

Sentía algo raro en mi interior, algo me estaba pasando. Empecé a mirarme al espejo y me arreglaba mejor el cabello tratando de verme bonita. Dejé de comer. No quería seguir siendo una gorda asquerosa y, como me lo dijeron tantas veces, empecé a vomitar cada cosa que comía. Tenía en la cabeza la meta de ser como las chicas de mi salón, de tener un cuerpo lindo para no sentirme avergonzada cuando él me mirara, para merecerlo. Cada vez que pasaba hacia el baño él estaba ahí y lo sentía tan cerca que creía que me iba a desmayar. Me estaba ilusionando. Él me cantaba canciones cuando pasaba cerca, me mandaba besos volados que me explotaban la cabeza.

Una vez, tomó mi mano de improviso cuando subía las escaleras y luego desapareció. Mi corazón latía a mil. Él era todo en lo que pensaba. Él y la comida ocupaban mi mente. Fue cuando empezó a ser más sinvergüenza, pasaba por mi salón estando todos ahí, incluida la profesora, y me tiraba cartas por la ventana. En unas me decía que me quería, en otras que le gustaba muchísimo, hubo una en la que me decía que moría por besarme. Yo me desmayaba, me dormía y despertaba leyendo sus mensajes, endiosaba su figura, veía cada detalle de su letra, el color de la tinta del lapicero, todo. Me sentía muy feliz, me sentía enamorada y ni siquiera sabía su nombre.

Un día me acerqué a él delante de todos mis compañeros de salón y me miró molesto. Todos se burlaban de mí por conversar con el de mantenimiento, pero a mí no me importó.

—Vete, que me vas a meter en problemas —me dijo y me lastimó.

—Pero solo quiero saber tu nombre.

—Carlos —dijo y se fue.

Días después acudí donde la psicóloga. Le conté que estaba decidida a hablar con mis padres y contarles que me había enamorado, quería estar con él. La psicóloga corrió a contarlo a la Subdirección, a las madres superioras y a mis profesores. Me castigaron. Me dijeron que tenía prohibido usar el baño que solía usar, que tenía prohibido salir del salón de clases y que si me veían deambulando nuevamente por el colegio me expulsarían. También me dijeron que no lo buscara. Que era una decepción para mis padres. Que me comportara bien. Que era deshonrosa y un mal ejemplo. Que lo que estaba haciendo era un pecado muy grave y que no solo me botarían del colegio sino que me iría al infierno. A él no le dijeron nada y siguió como si nada.

Trece años tenía y seguía buscando su mirada en las formaciones. Él me ignoraba y coqueteaba con las profesoras de inicial. Yo me iba a llorar al baño y a vomitar otra vez. Ese año jalé varios cursos.

El colegió terminó y tuve que ir a vacacional para salvar mis jalados. Había perdido veinte kilos a punta de vómito y ayuno. Ya me entraba la ropa de mi mamá, así que ese verano la usé para asistir. Pensé que ya nunca más lo volvería a ver porque había acabado el año, pero para mi sorpresa él seguía trabajando allí. También pensé que me ignoraría, pero me sonrió otra vez. Fui feliz de nuevo. Ahora no había mucha gente, solo algunos profesores y los alumnos que habían reprobado y el colegio se veía vacío, estaba todo tiempo en silencio.

Volvió a ser lo de antes, cada vez que pasaba me sonreía. Otras veces me silbaba mientras yo caminaba y me hacía reír. Sentía que mis métodos para bajar de peso habían funcionado. Ese verano llegaba a clases esperando un beso volado suyo, que en mi ingenuidad o inocencia era la máxima muestra de nuestro amor.

Una tarde, al salir de clases, lo vi y me hizo señas para que lo siguiera. Me quedé quieta y luego empecé a caminar hecha un manojo de nervios. Tenía miedo, pero pensé que como no había mucha gente en el colegio, era la oportunidad perfecta para conversar y conocerlo. No sabía a dónde me llevaba hasta que vi que subía a la azotea, donde los alumnos tenían prohibido subir. Sentí miedo, pero confié en él, después de todo lo conocía todo un año.

Cuando terminé de subir, lo vi esperándome. Salió, se aseguró de que nadie nos hubiera visto y volvió. Yo apenas lograba calmarme y sonreír y él se me acercó bruscamente y me empezó a besar con fuerza. Yo nunca había dado un beso. Nunca había besado a nadie y él me estaba lastimando. Todo ocurría muy rápido, pero a la vez parecía en cámara lenta. Me trataba de quitar la ropa y yo trataba de quitarme sus manos. Moví la cabeza en negación y se me escaparon un par de gritos de llanto. Él me gritó que me callara, me dio la vuelta y me tapó la boca. Empecé a llorar en silencio y cerré los ojos. Me decía a mí misma que ese no era Carlos, que no me podía estar pasando eso, que ese era un monstruo. Quería huir y no podía.

Me violó. Sentía fuego, dolor y ardor entre mis piernas y en todo mi cuerpo. Petrificada, no podía moverme y solo podía llorar y llorar. Él se subió el cierre, bajó las escaleras y se fue. Yo me quedé sola en la azotea, con la ropa a medio sacar, empapada en lágrimas, con mi vida, sueños e ilusiones hechos pedazos, con ganas de no volver a casa, suplicando que alguien subiera, me encontrara y me abrazara, que no me castigaran, que no me dijeran que soy una vergüenza. Trece años tenía el día que dejé de jugar con Barbies.

Con dolor subí mi ropa interior y bajé las escaleras. Tenía pánico de encontrármelo abajo, pero no estaba. Caminé penosamente hasta el primer baño que encontré y me tumbé en el piso a llorar a gritos. Nadie llegó. Nadie me encontró. Estaba sola. Pasé un par de horas infinitas en ese baño, rogando a Dios que me matara y que dejara mi cuerpo tirado ahí porque me lo merecía. Temblaba y me dolía mucho mi cuerpo lastimado, pero me dolía más el alma.

Para poder levantarme y salir de ese lugar caminando tuve que decirme a mí misma cosas que nunca debí decirme. Que yo me lo había buscado, que había pecado, que era normal que eso pasara entre enamorados y Carlos era como mi enamorado. «Esto es normal», me dije. «Ya cálmate, tú lo quisiste», y salí. Nunca más lo volví a ver y me sacaron de ese colegio.

Después de mucha terapia entendí que no había sido mi culpa. Que el colegio protegió a un agresor, a todos los agresores. Que castigaron a la víctima y me hicieron sentir la culpable de todo. Nunca les avisaron a mis padres. Todos sabían lo que pasaba (profesores, psicóloga, coordinadoras, directora y monjas) y nadie hizo nada más que castigarme y culparme. A pesar de saber que no tenía la confianza para conversar con mis padres y que por eso hablaba con la psicóloga.

Viví más de diez años con trastornos alimenticios, depresión, ansiedad, ataques de pánico, crisis extremas en las que me cortaba los brazos una y otra vez castigándome porque me hicieron creer que había sido mi culpa. Ese colegio protegió al monstruo que abusó de mí, que se aprovechó de mi ingenuidad e inocencia, que me quitó la oportunidad de experimentar mi primera vez. Una primera vez consentida, deseada y hermosa que ya nunca podré tener.

Me tomó doce años compartir esto. No sé cuántos años más me tome sanar. Aún tengo ataques de pánico al recordarlo y, a veces, en esas crisis, daño mi cuerpo con algo filoso. Ya se hizo una rutina. El dolor emocional es más fuerte que el dolor físico. Algún día podré contarlo sin que se me forme un nudo en la garganta, sin que me ahogue. Algún día lograré dejar de tomar pastillas para no salirme de control y destruirme. Algún día podré volver a sentir la felicidad de ser yo misma, libre y sana. Algún día...

Me diagnosticaron trastorno límite de la personalidad, anorexia nerviosa purgativa, trastorno depresivo mayor y trastorno por estrés postraumático. Sigo tratando de rehacer mi vida.

***

La felicidad no mira a dónde nace sino a dónde puede llegar.

Séneca

Resiliencia es la capacidad de hacerle frente a las dificultades de la vida, transformando el dolor en una fuerza que impulsa a salir adelante siendo una mejor persona y con más fortaleza. Mientras en algunos casos la resiliencia es parte de la personalidad y de la identidad de un individuo por el modo en que fue criado o por las experiencias de vida que le tocó enfrentar, en muchos otros casos la resiliencia debe ser desarrollada con trabajo y esfuerzo constante, para evitar que las personas permanezcan en un estado de sufrimiento permanente, con dolor y estrés recurrente. Además, la resiliencia es la fuerza que nos permite reponernos ante experiencias y momentos muy traumáticos, como la pérdida de un ser querido o el fracaso de una empresa, que son parte de la vida y que no deberían dejar una huella traumática a nivel emocional o físico en una persona.

***

Nuevo Perú

Nuevo Perú es un pueblo joven ubicado en la zona sur de la ciudad de Arequipa y fue el lugar donde pasé los primeros años de mi vida. Muchos vecinos habían llegado de la sierra de Puno y Cuzco producto de la migración. En el barrio eran tan frecuentes los casos de violencia hacia los hijos y entre parejas, que llegamos al punto de convencernos de que era algo normal. En la escuela, las amigas del primer grado de primaria de mi hermana comentaban con mucha naturalidad las diversas formas en las que sus padres las castigaban. Una mostraba la marca de una correa en su espalda, la otra enseñaba la palma de sus manos con una quemadura hecha con un cuchillo caliente como castigo por haber cogido unas monedas. Mi hermana sintió, con asombro, que las compañeras, lejos de contar estas experiencias crueles, con dolor y tristeza, las compartían con cierto orgullo, como si se tratase de una competencia. Así que tuvo que inventar algo para no quedarse atrás y ser mal vista.

—Mi papá es policía, tiene una vara y con eso me pega —tuvo que mentir.

El vecino de al lado tenía tres hijos varones de siete, nueve y once años de edad. Los dejaba solos todo el día y cuando regresaba borracho y encontraba alguna razón para castigarlos, los obligaba a quitarse los pantalones y ponerse en fila, les rociaba agua helada y después, con un cable de luz, los azotaba sin piedad. Yo solo escuchaba detrás de la pared que dividía nuestras casas, preocupado por mis amigos y con el temor de que mis padres siguieran ese ejemplo. Comparados con ese canalla, mis padres eran unos angelitos.

Ante estos abusos nadie se protestaba. La sociedad asumía que era derecho de los padres y que no era correcto inmiscuirse en asuntos ajenos. A nadie se le ocurría llamar a la policía, ni siquiera cuando a los niños los dejaron todo un día encadenados a una estaca sin agua ni comida. La indiferencia, muchas veces, nos hace cómplices. Evitamos meternos en problemas y seguir nuestra rutina, pero si acaso se tratara de tu hijo o te ocurriera a ti, ¿no clamarías por ayuda?

También era frecuente, por esos años, traer de las alturas a niños y adolescentes para tenerlos de criados. Y frecuentemente eran maltratados y abusados, además de no ser enviados al colegio. Una vez llegó a mi casa uno de ellos porque estaba enfermo y le habían pedido a mi mamá que le aplicara una inyección. Era un pequeño de Puno de doce años de edad. Cuando se levantó el polo dejó ver las marcas que los latigazos que le daban todos los días habían dejado en su cuerpito. Luego, para bajarle el pantalón fue necesario desatar un pedazo de cable de electricidad que sujetaban sus pantalones y que además enganchaba el cierre de la bragueta, su patrón lo hacía a propósito, como castigo, para que no pudiera orinar.

Por donde fueras te tropezabas con estas imágenes tan duras. Recuerdo también que llegó a nuestra casa una jovencita sumamente nerviosa. Se había escapado de sus patrones, harta de los maltratos y abusos que padecía. Le suplicó a mi madre que la escondiera unos días, que solo quería trabajar para comprar su pasaje y regresar a su tierra. Estuvo un par de semanas hasta que se fue, era una chica muy buena y trabajadora, todos le agarramos cariño.

En otra oportunidad vi cómo Braulio, uno de mis amigos, salió despavorido de su casa corriendo lo más que podía, escapando de su progenitor que lo seguía furioso con una correa. Esta vez, para que no lo cogiera, se le ocurrió sentarse en el centro de la cancha de fútbol, esperando que alguno de los que jugaba en ese momento lo defendiera. Esa tarde lo consiguió, al menos ese día no estuvo solo.

También recuerdo a Claudia, la Alfalfera. Ella, desde muy temprano, vendía alfalfa para los cuyes, la transportaba presurosa en un triciclo viejo, pues debía terminar de repartir toda su carga para poder ir al colegio. La Alfalfera, que no tenía más de once o doce años, andaba siempre despeinada, con las manos manchadas de verde y, al igual que los demás niños, llevaba las marcas de la violencia.

Cuando las heridas son muy profundas

Violencia física que hemos vivido y aún la siguen sufriendo millones de niños en nuestro país. Si bien es cierto que en los últimos años ha disminuido, producto de los trabajos de concientización y las penas más severas contra los victimarios, lamentablemente aún persiste entre nosotros. Quizá ya no se use un cable de electricidad, pero sí la voz y las palabras para humillar y herir. El abuso físico ha migrado hacia la violencia psicológica; por eso, últimamente, producto de ello son más frecuentes los trastornos emocionales.

Tampoco tomamos en cuenta otro tipo de violencia, que no es hacia nosotros, pero acabamos en medio de ella, la vivimos y nos marca. Las peleas de nuestros padres generan una serie de emociones como miedo, ansiedad e incluso culpa. Cuando experimentamos esto desde muy pequeños, antes de los siete años sobre todo, nos marca para siempre con una impronta en nuestro subconsciente y con eso dentro tomaremos decisiones y reaccionaremos de adultos.

En muchos de los lectores de este libro resonarán las historias que describo, habrá otros que experimentaron situaciones aún peores y llevan consigo una pesada carga que no les permite ser auténticamente quienes realmente son, que reaccionan como el niño que fue violentado hace treinta o cuarenta años y que busca cubrir los vacíos con migajas de afecto y amor.

No podemos cambiar los hechos del pasado, el dolor de los azotes, la impotencia de no poder defendernos o no ser capaces de defender a nuestra madre o hermanos de nuestro padre alcohólico o el padrastro abusivo. La sensación de soledad y abandono, el abuso sexual y la falta de reconocimiento estarán en el recuerdo y en nuestra mente, pero ya pasaron. ¿De qué nos sirve recordarlos para sufrir? ¿Para qué revivirlos si nos duele? ¿Tiene sentido seguir llorando por algo que ocurrió hace veinte años? ¿De quién depende gestionar estas emociones? ¿Quién es el responsable de escribir la historia del resto de tu vida?

El dolor y la tristeza son dos de los fenómenos más estudiados por la psicología, por una buena razón. Son muchos los senderos de la vida que parecen conducir hacia ellos, y cuando los experimentamos todo lo que sentimos y hacemos tiende a girar alrededor del hecho de que nos sentimos mal. En algunos casos, incluso, el desasosiego puede tener tanto poder sobre nosotros que nos impide disfrutar de la vida y puede jugar un importante papel en el suicidio. Es por eso que una vertiente de la psicología se ha volcado en el tratamiento de estos problemas, y se han ido desarrollando numerosas propuestas terapéuticas para paliar el sufrimiento (Adrián Triglia).

Viktor Frankl, un psiquiatra vienés nacido a principios del siglo XX, construyó un enfoque terapéutico a partir de sus experiencias como superviviente en los campos de concentración del régimen nazi. Es una de las figuras más destacadas de la historia de la psicología, creador de una forma revolucionaria de terapia, la logoterapia. Frankl abordó el tratamiento de alteraciones mentales desde una perspectiva existencialista que, años más tarde, sirvió para reforzar una corriente conocida como psicología humanista.

En 1942, Frankl trabajaba en el único hospital donde podían laborar judíos y poco después fue deportado y llevado a campos de concentración, como el de Auschwitz. La mayor parte de su familia, incluida su esposa, murió en estos campos de exterminio y Viktor tuvo que trabajar en condiciones de esclavitud y en condiciones infrahumanas hasta que fue liberado en 1945.

En su obra más conocida, *El hombre en busca de sentido*, Viktor Frankl nos comparte una serie de enseñanzas que nos llevan a reflexionar sobre el valor de la vida y cómo enfrentar las circunstancias más difíciles. Algunas de ellas las destaco a continuación:

- Comprendí cómo el hombre, desposeído de todo en este mundo, todavía puede conocer la felicidad, aunque sea solo momentáneamente, si contempla al ser querido.

- Si no está en tus manos cambiar una situación que te produce dolor, siempre podrás escoger la actitud con la que afrontes ese sufrimiento.

- La vida exige a todo individuo una contribución y depende del individuo descubrir en qué consiste.

- La felicidad es como una mariposa. Cuanto más la persigues, más huye. Pero si vuelves la atención hacia otras cosas, ella viene y suavemente se posa en tu hombro. La felicidad no es una posada en el camino, sino una forma de caminar por la vida.

- Las ruinas son a menudo las que abren las ventanas para ver el cielo.

- El hombre se autorrealiza en la misma medida en que se compromete al cumplimiento del sentido de su vida.

- Las experiencias de la vida en un campo de concentración demuestran que el hombre tiene capacidad de elección.

-El hombre es hijo de su pasado mas no su esclavo, y es padre de su porvenir.

- El hombre que no ha pasado por circunstancias adversas, realmente no se conoce bien.

- El aspecto más doloroso de los golpes es el insulto que incluyen.

- Nuestra más grande libertad es la libertad de escoger nuestra actitud.

***

Debemos dejar el pasado atrás, dejar de sufrir y seguir viviendo como víctimas, culpando a los demás de lo que nos sucede, renegando, maldiciendo, odiando, ¿para qué? Lo único que conseguimos es vibrar negativamente y como hemos visto anteriormente, somos energía e información y resonamos de acuerdo con ello. Entonces, de algún modo, atraemos situaciones o

JOSÉ DÍAZ

personajes que vibran en la misma polaridad, lo cual llevará a que las experiencias se repitan una y otra vez, hasta que por fin aprendamos, quizá a la fuerza, y trascendamos esa experiencia.

Somos los arquitectos de nuestras alegrías, los únicos responsables de nuestra felicidad, porque ella no está en los demás, está en nosotros mismos y todo parte de una decisión, la más importante de nuestras vidas, la que influenciará también a nuestros seres queridos, principalmente a nuestros hijos: la decisión de ser feliz.

Las especies que sobreviven no son las más fuertes ni las más rápidas, sino aquellas que se adaptan mejor al cambio.

Charles Darwin

8.
SIEMPRE HAY ALGO
POR QUÉ AGRADECER

Si se siente gratitud y no se la expresa, es como envolver un regalo y no entregarlo.

William Arthur Ward

El punto negro

Un día, un profesor entra a la clase y les dice a los alumnos que se preparen para una prueba sorpresa. *Todos se pusieron nerviosos mientras el profesor iba entregando la hoja del examen con la parte frontal para abajo, de modo que no vieran lo que contenía hasta que él explicara en qué consistía la prueba.*

Una vez que entregó todas las hojas, les pidió que les dieran vuelta y miraran el contenido. Para sorpresa de todos, era una hoja en blanco que tenía en el medio un punto negro. Viendo la cara de sorpresa de todos sus alumnos, el profesor les dijo: ahora van a escribir una redacción sobre lo que están viendo.

Todos los jóvenes, confundidos, se pusieron a pensar y a escribir sobre lo que veían. Terminado el tiempo, el maestro recogió las hojas, las colocó en el frente del escritorio y comenzó a leer las redacciones en voz alta. Todas, sin excepción se referían al punto negro de diferentes maneras.

Terminada la lectura, el profesor comenzó a hablar de la siguiente manera:

- Este examen no es para darles una nota, les servirá como lección de vida. Nadie habló de la hoja en blanco, todos centraron su atención en el punto negro.

- Esto mismo pasa en nuestra vida, en ella tenemos una hoja en blanco entera, para ver y aprovechar, pero nos centramos en los puntos negros. La vida es un regalo de la naturaleza, nos es dada con cariño y amor, siempre tenemos sobrados motivos para festejar, por nuestra familia, por los amigos que nos apoyan, por el empleo que nos da el sustento, por los milagros que nos suceden diariamente, y no obstante insistimos en mirar el punto negro, ya sea el problema de salud que nos afecta, la falta de dinero, la difícil relación con un familiar, o la decepción con un amigo.

Los puntos negros son mínimos en comparación con todo lo que diariamente obtenemos, pero ellos ocupan nuestra mente en todo momento.

Saca tu atención de los puntos negros, aprovecha cada momento y sé feliz.

Anónimo

Agárrate de lo que te hizo feliz

Crecí con la creencia de que mis padres no me querían, seguramente a partir de un evento negativo que suscitó en mí ese concepto. Las creencias son unos «lentes de colores» que cuando nos los ponemos vemos el entorno con un color distinto al real. Cuando empecé a vivir con los lentes puestos de la creencia: «no me quieren», comencé a ver las experiencias desde esta perspectiva. Miraba los platos de mis hermanos y me parecían más llenos. Comparaba las tareas que me daban en casa y estaba convencido de que yo cargaba con la más pesada. Siempre era yo la víctima, tanto así que estos lentes no me permitieron ver las manifestaciones de amor de mis padres y, por el contrario, reafirmaba cada vez más los sentimientos negativos que desde su percepción errónea me entregaban.

Todos hemos vivido situaciones difíciles y violentas que han influenciado negativamente en nuestro desarrollo. Las vivencias de los personajes de este libro son un ejemplo. Situaciones traumáticas que uno quisiera borrar de la memoria volviendo al pasado y cambiarlas. Sin embargo, esto no es posible. Lo que sí es posible es poner por encima de todo los recuerdos felices y llenos de amor que hemos recibido alguna vez de un ser querido. Así llenaríamos nuestra alma de esas bellas emociones y cambiaríamos radicalmente la percepción de nuestro pasado para convertirlo, entonces, en un pasado feliz.

Por eso este capítulo tiene como finalidad mostrar mi gratitud por los acontecimientos buenos que tuve la dicha de experimentar. Quiero agradecer, también, aquellas expresiones de amor que mi madre y mi padre supieron entregar, pero que no fui capaz de disfrutar por estar bloqueado por una creencia incierta. A continuación, comparto experiencias que guardo en mi recuerdo con mucha nostalgia, amor y alegría, y que me permiten decir «Siempre hay algo por qué agradecer».

Gracias papá:

Por tus muestras de amor

Durante los primeros años de vida solía dormir en el cuarto de mis papás sobre un catre construido por mi padre con madera reciclada. La habitación era algo pequeña para los tres, pero era la mejor de la casa y en las mañanas me quedaba solo y ninguna de mis hermanas venía a molestar.

El día más especial, era el de mi cumpleaños, el 24 de diciembre. Ese día era el rey. Desde muy temprano me engreían e, incluso, hacían sonar en el tocadiscos música por la ocasión: «Niño Manuelito», la canción navideña que se escuchaba en esos días navideños, sonaba más potente ese día. Por mucho tiempo asumí que era por mi segundo nombre, Manuel, el motivo del disco.

El día de mi quinto cumpleaños, cuando ya estaba la familia despierta, yo me hacía todavía el dormido, esperando que, como de costumbre, vinieran todos a saludarme. Esa vez demoraban mucho y estaba muy ansioso, de pronto abrieron la puerta mis hermanas y mis padres, trayendo consigo un gran saco de yute. Primero me saludaron y abrazaron, me entregaron unos dulces y brindamos con

Coca cola con leche. Al rato, llegó el momento de ver lo que había dentro del saco, era un camión de madera grandote donde cabía perfectamente y podía deslizarme, era el mejor regalo que podía imaginar y estaba muy emocionado. Mi papá Donato había pasado varios días a escondidas construyendo tan especial juguete.

Todavía vuelvo a emocionarme cuando reparo cuánto amor implicaba este detalle, planificarlo, conseguir el dinero y realizarlo. Mi padre no era muy cariñoso ni sabía decir palabras de motivación, pero tenía ciertos detalles, como este, que marcaron positivamente mi infancia.

Por los momentos divertidos

Uno de los días más esperados en verano era viajar a Mollendo, en la costa de Arequipa, e ir a la playa. Nos alistábamos desde muy temprano. Había que hacer un recorrido de cinco largas horas para llegar; sin embargo, el camino era muy agradable, no solo por la expectativa de ver el mar, sino también por las ocurrencias y picardía de mi papá. El viejo solía modificar la letra de las canciones para expresar sus emociones, «Cisne cuello negro, ya nos vamos a Mollendo», repetía una de sus estrofas, mientras permanecíamos sentados en la tolva de la camioneta de uno de sus amigos.

Ya en la playa salté de la movilidad y salí disparado hacia las aguas frías del mar, sin darme cuenta de que no sabía nadar. Mi papá, preocupado, me dio el alcance y nos pusimos a jugar. Recuerdo que me levantaba en sus hombros y juntos enfrentábamos las olas. No tenía miedo y me sentía muy seguro sabiendo que él estaba conmigo, protegido por un hombre fuerte y divertido.

Por protegerme

En una oportunidad, mientras me dirigía a la panadería por el pan para el lonche, caminando muy tranquilo por la vereda, sentí bruscamente que algo golpeaba mi cabeza. Al inicio no sentí mucho dolor, solo algo caliente que discurría por mi cara y que empezaba a gotear hacia el suelo. Era sangre que caía junto a la piedra que me habían lanzado. Recién entonces me sentí mareado y muy asustado, pensé que me iban a castigar por manchar mi ropa, levanté la mirada para ver quién había sido y observé que eran dos niños que estaban jugando en el segundo piso de la casa del vecino Jaime y que rápidamente se escondieron.

Al ver el charco de sangre, corrí hacia mi casa, además el dolor se incrementaba junto con el susto de que algo grave me había sucedido. Al llegar encontré a mi papá en la sala, estaba brindando con un amigo y estaba algo mareado, no le dije nada preocupado por el castigo, cuando:

—¿Qué te ha pasado? ¿Qué has hecho? —me increpó.

—Nada —alcancé a decir tímidamente, mientras caían unas gotas de sangre por mi nariz.

—A ver, déjame verte. ¿Quién carajo te ha hecho esto? —reaccionó airado. —¡Por la grande, te han roto la cabeza y tienes un corte! ¿Quién ha sido el desgraciado que te ha hecho esto? —me asusté un poco con su agresividad, pero luego me sentí aliviado, porque sentía su genuina preocupación por mí.

—Fueron los hijos del vecino Jaime, papá. Yo no les hice nada y me tiraron una piedra desde la azotea mientras caminaba —los acusé sin remordimiento.

—Se jodió ese Jaime. Vamos. Ahora van a ver con quién se han metido —dijo enfurecido. Cogió mi brazo y presurosos llegamos hasta la puerta del responsable. —¡Jaime, abre la puerta carajo! ¡Mira lo que le han hecho a mi hijo! —gritaba papá, dejándose llevar por su indignación, mientras golpeaba con más fuerza al enorme portón gris de metal.

Así siguió por un rato más golpeando con sus puños y pies, pero sin conseguir que la abrieran. Yo, mientras tanto, pasé de estar asustado a sentirme protegido. Nunca antes alguien me había defendido de esa manera. Ya no me importaba el dolor ni la hemorragia y soporté con hidalguía la sutura que me hicieron un rato después dentro de mi casa él y su amigo, en el mismo lugar donde todavía quedaban un par de cervezas.

Por tu esfuerzo y tus enseñanzas

Soy testigo de su gran esfuerzo por sacar adelante a su familia. Papá Donato, además de trabajar de lunes a viernes, se buscaba algún cachuelo para conseguir más dinero que llevar a casa. Muchas veces lo acompañé en largas faenas donde llenábamos pisos o levantábamos paredes. A veces observaba que, a pesar de estar muy cansado, persistía hasta terminar la obra con la espalda doblada. Tengo la dicha de haber compartido esos momentos con él, me permitieron conocerlo y valorarlo más. Hoy sé que buena parte de mis habilidades las aprendí de él.

Gracias mamá:

Por confiar en mí

Aunque nunca lo escuché de tu boca, me doy cuenta de que confiabas mucho en mí, me dejabas ir solo al colegio porque sabías que sería capaz de arreglármelas sin ti. Ahora entiendo de dónde viene mi actitud independiente y la capacidad de solucionar mis problemas sin depender de nadie.

Por tu amor

Una mañana, al despertarme, observé que había movimiento en la casa. Había maletas en la puerta y alguien se estaba despidiendo. Salí corriendo para ver qué pasaba. Tenía cuatro años y me puse a llorar al darme cuenta de que mi madre se iba de viaje y me dejaba. Me abalancé hacia ella y abracé con todas mis fuerzas una de sus piernas rogándole que me llevara. Ella me subió al taxi calculando mandarme de regreso con mi papá al llegar a la agencia. Sin embargo, no fue así, su amor se impuso por sobre su razón. Era difícil que me llevara, pues se trataba de un viaje muy largo y agotador. Sin embargo, subimos juntos al bus y me acomodé entre sus brazos. La tenía solo para mí y era feliz.

A los quince años participé en un retiro parroquial obligatorio para realizar el sacramento de la confirmación. Al tercer día me entregaron una carta de mi madre. Quedé sorprendido. Eran los días de mayor rebeldía contra ella y hacía poco, no más, habíamos tenido una fuerte discusión. En la carta me decía cuánto me quería y lo especial que era para ella, que me extrañaba y que la casa la sentía muy distinta por mi ausencia. Por un momento pensé que se trataba de otra persona. A mi madre no le gustaba exponer sus sentimientos, pero sí era ella y sus palabras cambiaron mi forma de verla. Durante el viaje de regreso del retiro solo pensaba en ella. Apenas ingresé al salón parroquial la busqué y al hallarla corrí hasta donde estaba, me miró con ternura y nos fundimos en un interminable abrazo.

Por tu comida y tus postres

Recuerdo las tardes que, entusiasmado, la acompañaba mientras preparaba un pie de manzana o algún pastel. Yo siempre me ofrecía a batir la masa con la confianza de ser el primero en recibir una porción del delicioso manjar. También recuerdo el pastel de papa y el picante de cuy que solo ella sabía preparar de ese modo tan delicioso y que nunca más disfrutaré porque ya no está más aquí. Se fue sin dejarnos sus secretos.

Gracias, profesora

Durante la primaria y parte de la secundaria mis calificaciones estuvieron por debajo el promedio. Era frecuente sacar uno o dos rojos en la libreta. Matemáticas y Lenguaje eran dos materias que aprobaba con las justas, raspando. Hasta que en tercer año llegó una profesora, joven y simpática, que de algún modo cambió el curso de mi historia académica. Explicaba los temas con mucha pasión,

117

JOSÉ DÍAZ

procurando que todos los alumnos entendiéramos la clase. Nos animaba y daba confianza. Logré, rápidamente, conectar con su metodología y, por fin, pude comprender los números. Además, cuando resolvía con éxito un problema en la pizarra me felicitaba ante todos, logrando que mi autoestima y seguridad se elevaran rápidamente.

Lamentablemente, no recuerdo su nombre. Nos acompañó solo un año, pero siento que le debo mucho, porque me di cuenta de que sí podía ser buen alumno, que un 20 no era algo utópico para mí. Desde entonces, mis calificaciones en Matemáticas fueron las mejores del salón hasta que terminé la secundaria. Luego descubrí que los números eran fundamentales para aprobar el examen de admisión a la universidad. Ella y su curso fueron esenciales en mi evolución formativa.

El universo

Salir del colegio significaba un nuevo reto para mí. Como cualquier joven, sentía la presión de buscar trabajo o estudiar en un instituto o universidad. Mi papá proponía enviarme a la sierra a trabajar unos meses, mientras que mi madre, a su modo, me animaba a estudiar. Los recursos en esos años eran escasos y los empleos también, además era muy chiquillo, apenas había cumplido dieciséis años y solo los fines de semana ayudaba a mi papá a realizar alguna labor de albañil, ya sea alcanzándole ladrillos o cemento o rompiendo muros con comba y cincel. No había dinero para estudiar en una academia.

Sin embargo, le agarré gusto al estudio. Pasaba varias horas resolviendo ejercicios muy complejos, tratando de solucionarlos sea como sea. Muchas veces no sabía las fórmulas o las estrategias, pero al resolverlos mi mente se sentía más poderosa y muy capaz de resolver otros más difíciles. Recuerdo esas largas noches sin sueño, con la adrenalina al tope, escuchando La Sonora Ponceña desde mi radiocasete, mientras resolvía los problemas de algún examen de admisión pasado de la San Marcos, moviéndome al ritmo de *Hay fuego en el 23*.

Algunas veces me reunía con mis amigos de entonces, Marco e Isaías, que venían a casa para estudiar juntos y prepararnos para postular a la universidad. Ellos ya lo habían intentado, pero sin suerte. Tenían más experiencia y aprendí mucho de ellos. Algunas veces se burlaban de mí cuando no resolvía algún ejercicio que, para ellos, era sencillo. Me decían que esperara el siguiente año para postular, que me faltaba mucho. No me lo creí y seguí estudiando.

Estaba tan absorto en estudiar que no me preocupé por el proceso de admisión y sus fechas. Una tarde llegó a casa mi hermana Gloria muy preocupada porque ese día era la última fecha para las inscripciones.

—Vuela, si no te inscribes hoy, tendrás que esperar hasta el próximo año.

Volé. Mi hermana María me facilitó el dinero y salí corriendo para la universidad. Había unas colas tremendas, pero, luego de colarme en una, logré finalmente inscribirme, no sin antes decidir,

JOSÉ DÍAZ

en el camino, a qué carrera postular: «Probaré con Medicina Veterinaria», decidí.

Por entonces, mi fe católica era altísima. El día del examen me desperté muy temprano y me encomendé al amigo de pelo largo. Al salir de mi casa me persigné y enrumbé confiado. A unos pasos mi madre me alcanzó para darme un abrazo y desearme buena suerte. El día era perfecto. Al llegar al paradero observé más movimiento de lo normal para ser domingo. Había mucha gente trepándose a los buses y muchos jóvenes caminando presurosos. En la esquina, un borrachito sin zapatos, estaba sentado al borde de la vereda y daba la impresión de que lo habían asaltado y estaba esperando que un taxi se detenga. En ese momento me invadió una sensación extraña, era como que desde arriba me estaban poniendo una prueba, tuve el impulso de ayudarlo, pero me ganó mi timidez y además se hacía tarde. Subí a la combi pensando que había hecho mal y que, tal vez, Dios me castigaría por eso.

Este suceso se me olvidó por completo al llegar al colegio donde me correspondía dar el examen. Me encontré con cientos de jóvenes nerviosos que caminaban apurados sin saber en cuál de las colas colocarse. Algunos repasaban a última hora sus folletos y apuntes. La inmensa columna de estudiantes avanzaba lentamente, acrecentando aún más nuestra angustia. Había muchas hojas tiradas en el suelo que iban dejando los jóvenes antes de ingresar. Por curiosidad levanté una, era una ficha resumen de biología de alguna academia.

Ya en el salón nos entregaron las seis hojas de la prueba. Comencé con la primera pregunta y no la entendí. Pasé a la segunda y tampoco pude resolverla. La ansiedad empezaba a nublar mi mente. Levanté mi cabeza y observé que no era el único. Había mucha tensión en el salón, pasaban los minutos, revisaba las hojas y no sabía por dónde empezar.

Justo cuando mi nivel de ansiedad estaba en su pico más alto ocurrió el «milagro». De una casa cercana empezó a sonar música a todo volumen, era salsa de la Sonora Ponceña. En ese momento sentí como si estuviera acompañado, como si Dios o el universo me estuvieran dando una mano. Me relajé y con más confianza comencé a desarrollar la prueba, mientras tarareaba y movía los pies al ritmo de *Hay fuego en el 23*.

De rato en rato, observaba cómo padecían los compañeros con las preguntas. Se jalaban el pelo, sudaban, se mordían las uñas o daban golpes en la carpeta, yo los miraba, sonreía y seguía avanzando. Completé la mayoría de preguntas de Matemáticas, Física y Química, y había dejado Biología para el final. Sabía que para mi carrera este curso tenía mayor puntaje. Fue grande mi sorpresa cuando me percaté de que dos de las respuestas del cuestionario las acababa de leer en la puerta del colegio, mientras hacía la cola. Con eso estaba seguro de que ingresaba. ¿Cómo no creer en Dios después de esta experiencia? ¿Fue el universo o fui yo quien generó toda esa energía positiva? Lo cierto que ese día fue mágico y por muchos años viví convencido de que fue algo divino.

Tres días después publicarían los resultados. Cuando llegó el día indicado, los postulantes iban desde temprano a revisar sus notas y confirmar su ingreso. Yo también quería hacerlo; sin embargo, mi madre me mandó a hacer un trabajo comunal en el colegio de mi hermano menor. Mientras lijaba el piso de la cancha de fulbito, del que también fue mi centro de estudios, el colegio Andrés Avelino Cáceres, muchas cosas pasaban por mi cabeza. Estaba molesto, pues sentía que no era justo que estuviese yo allí haciendo el trabajo de otros, cuando debería estar en la puerta de la universidad para enterarme si había ingresado o no. A mis padres les faltó confiar más en sus hijos y tener mejores expectativas de nosotros. Ahora entiendo que por sus experiencias de fracaso y sus múltiples decepciones dejaron de confiar en ellos mismos y en su familia.

Apenas terminó la jornada, salí corriendo a buscar un bus que me llevase a la universidad. Eran las seis de la tarde cuando llegué a la entrada del recinto universitario, pero todavía no había nada. Esperé varias horas hasta que solo quedamos unos cuantos estudiantes. Decidí regresar a casa porque ya era tarde; sin embargo, en el paradero la angustia me mataba. Sentía que no podía regresar con las manos vacías. Además, algo me decía que regresara una vez más a verificar, y a pesar de haberme alejado más de seis cuadras, me atreví a regresar.

Estaba oscuro, pero pude distinguir a lo lejos que había personas aglomerándose hacia la entrada de la universidad mientras unos tipos se apuraban en pegar unos papelotes. Mi corazón empezó a acelerarse y el sudor a brotar de mis manos. Atiné a correr hasta ubicar el cuadro que me correspondía y comencé a leer desde el primer lugar e iba bajando hasta terminar la primera hoja: nada. Hice lo mismo en la segunda y cuando ya empezaba a perder las esperanzas, en la última línea apareció mi nombre.

Quise gritar de felicidad, pero no lo hice por respeto a los que lloraban por no haberlo conseguido. Caminé presuroso conteniendo la emoción mientras se me caían las lágrimas y un millón de pensamientos pasaban por mi cabeza. Llegué a casa y mi madre me vio pasar por el pasadizo con la cara roja y los ojos llorosos. No me detuvo, pensó que me había ido mal. No dije nada, fui directo a mi dormitorio, me tiré sobre mi cama y liberé mi llanto viendo el crucifijo de la pared. Nunca había llorado de felicidad. Regresé a la sala para abrazar a mi madre y lloramos juntos.

Gracias

Pueden porque creen que pueden.

Virgilio

Made in the USA
Las Vegas, NV
05 May 2023

71521807R00073